JOHANN MAIER

GESCHICHTE DES JUDENTUMS IM ALTERTUM

JOHANN MAIER

GESCHICHTE DES JUDENTUMS IM ALTERTUM

Grundzüge

WISSENSCHAFTLICHE BUCHGESELLSCHAFT
DARMSTADT

Die 1. Auflage der Originalausgabe, Darmstadt 1981, ist in der Reihe
›Grundzüge‹ als Band 40 unter dem Titel
›Grundzüge der Geschichte des Judentums im Altertum‹ erschienen.

Einbandbild: Jerusalem, Zachariasgrab.

CIP-Titelaufnahme der Deutschen Bibliothek

Maier, Johann:
Geschichte des Judentums im Altertum: Grundzüge /
Johann Maier. – 2., durchges. u. bibliograph. erg.
Aufl. – Darmstadt: Wiss. Buchges., 1989
(WB-Forum; 33)
1. Aufl. u. d. T.: Maier, Johann: Grundzüge der
Geschichte des Judentums im Altertum
ISBN 3-534-80047-8
NE: GT

2., durchgesehene und bibliographisch ergänzte Auflage

Satz: Maschinensatz Gutowski, Weiterstadt
Druck und Einband: Wissenschaftliche Buchgesellschaft, Darmstadt
Printed in Germany
Schrift: Linotype Garamond, 9/11

ISBN 3-534-80047-8

INHALT

ABKÜRZUNGEN

Apg	Apostelgeschichte
b.	ben
Dan	Daniel
Dt	Deuteronomium
Ez	Ezechiel
Jer	Jeremia
Josephus ant	Josephus, Antiquitates Iudaicae
Josephus bell	Josephus, De bello Iudaico
Makk	Makkabäerbuch (I, II)
Neh	Nehemia
NT	Neues Testament
Num	Numeri
Tacitus hist.	Tacitus Historien

VORBEMERKUNG

Eine Darstellung der politischen Geschichte setzt naturgemäß andere Akzente und folgt auch anderen Kriterien als etwa eine Religionsgeschichte (Geschichte der jüdischen Religion, Berlin 1972) oder eine Kulturgeschichte (Das Judentum, München [3]1980). Was im Sinne politisch-militärischen Handelns oder Erduldens als bedeutsam im Vordergrund steht, ist nicht in jedem Fall auch geistesgeschichtlich oder kulturgeschichtlich in gleicher Weise ausschlaggebend. Gerade die lange Geschichte des Judentums bietet zahlreiche Beispiele dafür, daß politisch-militärische Macht- und Selbstentfaltung nicht unbedingt in religions- oder kulturgeschichtlich wegweisende Zeiten fallen, vielmehr durchaus auch das Gegenteil eintreten kann, daß Zeiten politischer Ohnmacht gerade in geistig-kultureller Hinsicht schöpferische Epochen waren. Es entspricht einer äußerst fragwürdigen, durch das nationalistische Denken des 19./20. Jahrhunderts leider eingefleischten Mentalität, Geschichte vorwiegend nach dem Grad der politisch-militärischen Macht zu werten. Wer das Judentum als Gesamterscheinung nicht gründlich mißdeuten will, kann sich mit einer Darstellung der politischen Geschichte nicht begnügen, er muß die religiöse und im weitesten Sinn kulturelle Geschichte mitbeachten. Umgekehrt droht freilich bei einer vorrangigen Berücksichtigung des Judentums als einer Religion die Gefahr einer realitätsfremden Betrachtungsweise.

Die recht unterschiedliche Überlieferung der Quellen bringt es mit sich, daß im Teil A dieser Grundzüge eine weithin kontinuierliche und auch detaillierte Darstellung geboten werden kann, während für den Teil C, die talmudische Periode, das Fehlen vergleichbarer historiographischer Quellen lediglich grobe Linienführungen erlaubt, in die die – selten exakten – Zeugnisse der rabbinischen Überlieferung nur sporadisch und mit Vorbehalt eingefügt werden können. Das rabbinische Judentum hatte weder ein Interesse an Geschichtsschreibung im Sinne eines Flavius Josephus, der im späten 1. Jh. n. Chr. die wichtigsten Grundlagen für die Darstellungen der frühjüdischen Geschichte schuf, noch kannte es die literarischen Mittel (Gattungen), die dazu geeignet waren. In einem vorzugsweise tradierenden, redigierenden und ergänzenden Schulbetrieb war eben kein Platz für derartige Autorenliteratur, und was an historischen Bemerkungen und Reminiszenzen tradiert vorliegt, wurde nicht aus historischem Interesse überliefert, sondern in Kontexten mit anderen Zielsetzungen, sei es exemplifizierender oder einfach erbaulicher und unterhaltender Art und mehr oder minder volkstümlich gestaltet. Es ist dieser Mangel an verläßlichen Nachrichten und nicht bloß der Verlust der politischen Selbstbestimmung, die dem letzten, immerhin auch fast ein halbes Jahrtausend umfassenden Teil dieser Grundzüge einen anderen Charakter verleiht und ihn vergleichsweise knapp ausfallen läßt. Man sollte daraus aber nicht schließen, daß mit der Spätantike das politische Denken und Handlungsvermögen der Juden geschwunden wäre. Die weitere jüdische Geschichte im Mittelalter und in der Neuzeit, insbesondere in der neuesten Zeit, zeigt, daß unter gegebenen Umständen die althergebrachten Vorstellungen, Hoffnungen und Mechanismen ihre Kraft sehr wohl entfalten konnten (Hermann Greive, Die Juden, Darmstadt 1980 = Grundzüge Bd. 37). Selbst der umständebedingte Zwang zum Erdulden von Fremde, Fremdherrschaft und Verfolgungen wurde noch als eine Möglichkeit aktiver Mitgestaltung des Geschichtslaufs begriffen, als Weg der Umkehr und als Annäherung an das – wie man felsenfest glaubte – göttlich festgesetzte letzte Ziel aller Geschichte.

A. ZUR ZEIT DES ZWEITEN TEMPELS

I. Voraussetzungen

1. Die Bedeutung der traditionellen jüdischen Geschichtsauffassung

Als das Judentum für die griechisch-römische Antike ins Bewußtsein zu treten begann, hatte es bereits ein wechselvolles Geschick im Rahmen der Geschichte des Vorderen und Mittleren Orients hinter sich. Zu einem Teil waren es Ereignisse, die zu ihrer Zeit zwar erhebliche Bedeutung gehabt hatten, aber das weitere Geschick der Größe, die dann „Judentum" hieß, nur mehr unwesentlich oder in negativer Beleuchtung bestimmten, wie etwa die ganze Geschichte des 722/21 der assyrischen Macht unterlegenen Königreiches Israel, dessen Abspaltung vom „Hause Davids" man in Juda wie im späteren Judentum stets als Verfehlung wertete, so daß das geeinte Reich David/Salomos hier als Ideal „Israel" lebendig blieb und als Ziel zukünftiger Geschichte festgehalten wurde – ungeachtet der Realität, die mit dem Untergang des Königreiches Juda und mit der Zerstörung des ersten Jerusalemer Tempels 587 v. Chr. sich noch weiter vom Idealbild einer auf göttlicher Erwählung begründeten Machtentfaltung entfernte. Für jene Jerusalemer und Judäer, die 587/6 v. Chr. noch dazu den Weg ins babylonische Exil, also das Los der Deportation durch die babylonische Weltmacht auf sich zu nehmen hatten, wog diese Diskrepanz zwischen religiös-politischem Anspruch und realpolitischer Lage besonders schwer. Doch gerade in diesen Kreisen erfuhr das Erwählungsbewußtsein jene Ausreifung, die schließlich nicht bloß das babylonische Exil, sondern noch viele Jahrhunderte unerfüllter Hoffnungen und oft genug auch bitterer Verfolgungen ertragen ließ. Auffällig genug ist schon, daß diese Deportierten nicht an der Macht des Gottes der Väter verzweifelten, sondern nun erst recht den Gott Israels als den einzigen Gott und als Schöpfer und Herrn der Welt bekannten, der Herausforderung durch die überlegene politische Macht ihrerseits die Herausforderung des monotheistischen Bekenntnisses gegenübersetzten.

In solcher Konstellation hatte dieses Bekenntnis nicht nur religiöse Aspekte, es schloß auch politische Werturteile und Ansprüche mit ein. Die Geschichte des Judentums, infolge der zahlenmäßigen Verhältnisse immer auch Geschichte einer Minderheit und seit 587 v. Chr. noch dazu einer verstreuten Minderheit (Diaspora), blieb darum auch bis zur Aufklärung engstens mit der Geschichte seiner Religion verbunden. Politisches Denken und Handeln wurde oft vorrangig aus diesem ererbten religiösen Bewußtsein motiviert, und wenn die Machtverhältnisse zum passiven Erdulden der politischen Verhältnisse zwangen, fand man in der religiösen Tradition die Kraft, auch dies deutend zu ertragen und für die eigene Geschichtshoffnung als einen Schritt zum Ziel zu deuten, sei es im Sinne von Strafe oder Prüfung, oft als ein letztes, aber eben doch vergebliches Aufbäumen der anmaßenden Weltmacht, die dem Erwählungsauftrag Israels, der Verwirklichung des göttlichen Willens, zuwiderstrebt. Diese Überzeugung von einem gottgewollten Geschichtslauf mit dem Ziel ungehinderter Praktizierung der in der Offenbarung des Mose, in der „Tora" überlieferten göttlichen Ordnung bestimmte jedenfalls seit dem babylonischen Exil einen beträchtlichen Teil der Juden – und gab zu heftigen inneren Auseinandersetzungen über die richtige Ausdeutung und Praktizierung dieser „Tora" Anlaß. Die Beziehung zwischen Judentum und Tora wurde schon früh als so eng angesehen, daß alles Geschehen daraufhin erklärt wurde. Man sah in dieser Tora schließlich sogar die göttliche Schöpfungs-, Welt- und Lebensordnung schlechthin, und dem erwählten Volk, dessen geschichtlicher Auftrag in der Erfüllung der Tora gesehen wurde, maß man daher eine für Natur wie Weltgeschichte unentbehrliche Rolle zu, ja, man verabsolutierte die so gedeutete eigene

Geschichte zur einzig wirklich relevanten Geschichte, während Tun und Lassen anderer Völker und Mächte höchstens Randerscheinungen darstellen.

Es versteht sich von selbst, daß ein so prononcierter Anspruch auch eine provokative Wirkung hatte und im Fall einer religionspolitisch ebenfalls ambitionierten politischen Oberherrschaft zu heillosen Gegensätzen führen mußte. Die Geschichte des Judentums ist folgerichtig immer zugleich Geschichte der jüdischen Geschichtsdeutung und der Umweltreaktion auf diese, zusätzlich zur Besonderheit einer Minoritäts- und Diasporageschichte, die ihrerseits in diesem Fall so außergewöhnlich profiliert verlief, weil zu den üblichen Spannungen im Verhältnis zwischen Majorität und Minorität noch jener grundsätzliche Konflikt zwischen „erwähltem Volk" und „Weltmacht" hinzutrat. Es versteht sich auch von selbst, daß die so vorprogrammierte Kluft zwischen heilsgeschichtstheologischem Anspruch und realpolitischem Status nicht nur das Verhältnis zur Umwelt maßgeblich bestimmte, sondern auch die Mitglieder der Erwählungsgemeinschaft selbst einer kaum je nachlassenden Zerreißprobe unterwarf, und daß die Art und Weise, wie man damit zurechtkam, wieder das Verhältnis zur Umwelt entscheidend beeinflußte. Innere wie äußere Geschichte bedürfen also gleichermaßen der Beachtung, um dem eigentümlichen Phänomen „Judentum" im Rahmen der Weltgeschichte einigermaßen gerecht zu werden. Eigentümlich ist das Phänomen schon deshalb, weil seine Definition schwerfällt. Es handelt sich nicht einfach um eine ethnische Größe mit zunehmender territorialer Zerstreuung, die Zugehörigkeit wird über die Abstammung hinaus auch als religiöses Bekenntnis verstanden, und dies bedeutet die Möglichkeit, daß Einzelpersonen wie ganze Gruppen ins Judentum eintreten können oder, wie in der Makkabäerzeit, politisch und religiös einverleibt werden konnten. In dem Maß, als die Selbstdefinition aber religiöser Natur ist, wurde die Frage nach dem Umfang der relevanten – und auch der intolerablen – religiösen Überzeugungen und Praktiken akut, die Selbstdefinition zum Gegenstand innerer Auseinandersetzungen, zur Ursache bzw.

zum Mittel von Ausgrenzungen. Schon die Durchsetzung der Jahwe-Verehrung im Alten Israel, die Übernahme des „Israel"-Anspruchs durch das Reich Juda nach dem Untergang des Nordreichs, und nicht zuletzt das geschichtliche Selbstbewußtsein der nach Mesopotamien Deportierten markieren solche Ein- und Ausgrenzungen. Dieser Prozeß erreichte in der „Zeit des Zweiten Tempels" (538 v. Chr.–70 n. Chr.) mehrmals akute Krisenpunkte. Schon die Heimkehr eines Teils der Exilierten auf Grund des 538 v. Chr. erlassenen Edikts des Kyros war mit diesem Problem verbunden. Wem galt dieses Edikt des Kyros? – Doch in erster Linie den Deportierten, die somit berechtigt wurden, in ihre Heimat zurückzukehren, in ihre angestammten Rechte wiedereingesetzt zu werden, wobei das Recht, den Jerusalemer Tempel wiederaufzubauen und seinen Kult (auch im Sinne eines persischen Reichskults) zu praktizieren, unweigerlich die Frage nach sich ziehen mußte, in welchem Verhältnis zu diesen solcherart definierten Rechten der Heimkehrer dann Daheimgebliebene und eventuelle dorthin deportierte Fremde stehen sollten. Da es außerdem nicht bloß um den Kreis der durch das Kyrosedikt Berechtigten, sondern gleichzeitig um Fragen der religiösen Überzeugung und Praxis ging, kam diesem vorprogrammierten Konflikt zwischen Heimkehrern, Daheimgebliebenen und fremden Zugezogenen größere Bedeutung zu als in vergleichbaren Fällen. Hier waren den realpolitischen Mechanismen und wirtschaftlichen Zwängen durch die religiöse Komponente Grenzen gesetzt, mochte im übrigen die enge Verflechtung zwischen Religion und Politik wie sonst im Orient kennzeichnend sein, mochten politische und wirtschaftliche Anliegen also auch religiös formuliert werden. Die entscheidende Besonderheit des Judentums lag eben im möglichen absoluten Vorrang des religiösen Anliegens auch bei höchsten politischen und wirtschaftlichen Risiken. Im Grunde begreiflich: Wer selber göttliche Macht nicht nach politischem Gewicht zu bemessen bereit ist, kann realpolitische Kriterien nicht zum Maß für eigene politisch-geschichtstheologische Entscheidungen machen. Und doch liegt gerade an dem Punkt das Dilemma dieser Geschichtsauffassung, denn für das Ziel der Geschichte erwartete man ja doch eine eindeutige und endgültige Manifestation der göttlichen Macht, der Gottesherrschaft, erhoffte also die Kongruenz zwischen heilsgeschichtstheologischem Anspruch und politisch-sozialer Realität, und damit erweist sich die gegenüber den Göttern von Assur, Babylon etc. proklamierte Unabhängigkeit des monotheistischen Glaubens von den realen Machtverhältnissen als etwas nur begrenzt Gültiges und Wirksames – nämlich als vorläufiger Zustand, dessen Beendigung man herbeisehnt. Und gelangte man zur Überzeugung, daß der Geschichtslauf seinem Ziel naherückt, dann erreichte der Gegensatz zwischen Gottesherrschaft – realisiert durch Israel – und der herrschenden „Weltmacht" den Siedepunkt, kam es zur alles entscheidenden Kraftprobe – wobei wirkliche militärische Stärken wenig ins Kalkül zu fallen brauchten, denn wer den allmächtigen einzigen Gott auf seiner Seite hat bzw. genauer: die Sache dieses einzigen Gottes und Schöpfers verficht, braucht die Macht seiner Geschöpfe nicht zu fürchten. Das Judentum konnte deshalb, wiewohl zahlenmäßig nie eine entscheidende Größe, doch immer wieder zu einem ernsthaften Problem für die jeweils herrschende Großmacht werden, weil der religiöse Impetus die zahlenmäßige Schwäche weithin wettzumachen vermochte. Der durchaus entschieden, ja oft aggressiv verfochtene monotheistische Anspruch wurde in der Umwelt teils als anmaßend eingeschätzt, teils bewundert, in Verbindung mit dem heilsgeschichtstheologisch motivierten politischen Aktivismus wurde er als politisches Problem empfunden, soweit die religiöse Motivation bekannt wurde. Dazu kam ein zwiespältiger Eindruck der Umwelt: Vermittelten einerseits Monotheismus und insbesondere der bildlose Kult den Eindruck einer philosophischen Religion, weshalb unter antiken Gebildeten nicht selten ein positives Interesse am Judentum Platz griff, so erwies eine nähere Bekanntschaft mit der praktischen jüdischen Religion eine zum monotheistischen Universalismus anscheinend im Widerspruch stehende ritualistische Frömmigkeit, deren Abgrenzungsfunktion deutliche Wirkungen zeitigte: Die strikte Pflege der zahlreichen rituellen Vorschriften über „Rein“ und „Unrein“ unterwarf den zwischenmenschlichen Verkehr im Vergleich zu dem hellenistisch-römischen Lebensstil einer weitgehenden Einschränkung. Man empfand dies häufig als rückständiges Festhalten an nicht begründbaren Überlieferungen, ja sogar als bewußte Abneigung gegenüber sozialen Kontakten, als Menschenfeindlichkeit („odium humani generis“). Judenfreundliche und judenfeindliche Tendenzen gingen darum oft parallel, wobei das positive Interesse am *Judentum* als Religion nicht unbedingt auch ein positives Verhältnis zu den *Juden* einschließen mußte: Es gab ein weit verbreitetes, eklektizistisches Interesse an bestimmten Inhalten fremder Religionen, von volkstümlich-magischen Motivationen bis zu philosophischem und historischem Interesse. Dennoch gilt gerade für hellenistisch-römische Zeit, daß in der Diaspora eine intensive jüdische Ausstrahlung spürbar war und die Zahl der Konvertiten („Proselyten“) zeitweilig beträchtlich gewesen sein muß. Die negative Reaktion hatte vor allem in Gebieten mit stärkeren jüdischen Bevölkerungsanteilen ihre Basis. Dabei ging es freilich nicht so sehr um die erwähnte Enttäuschung infolge der näheren Bekanntschaft mit der praktischen jüdischen Religion, als vielmehr um den Reflex handfester Konflikte über Einfluß und Rechte der Bevölkerungsgruppen, wobei die jüdische Seite durchaus nicht bloß den passiven Part spielte, wie man überhaupt die Aktivität und den expansiven Drang des antiken Judentums nicht unterbewerten darf. Die Expansion war allerdings zumeist Folge des geographischen Faktums, daß das kleine Palästina nun einmal nicht in der Lage war, mehr als eine begrenzte Zahl von Bewohnern zu ernähren. Wie die phönizischen Städte ihren Bevölkerungsüberschuß über See loszuwerden suchten, strebten auch Juden aus dem Mutterland in erfolgversprechendere Gebiete, in älterer Zeit auch von Großmächten ermuntert, sei es als Militärkolonisten, sei es im Rahmen des internationalen Mittelmeerhandels. So trat neben die verbliebene mesopotamische Diaspora nach Alexander dem Großen alsbald eine starke ägyptische Diaspora, vor allem in der Neugründung Alexandrien, und im 1. Jh. v. Chr. scheint es bereits in allen wichtigen Mittelmeerstädten mehr oder minder kleine Kolonien gegeben zu haben, wobei die griechische Sprache das Aramäische verdrängte. Die Juden stellten also in der Spätantike bemerkenswerte Beispiele sowohl für vorderorientalisch verwurzelte Kontinuität einerseits wie eine gelungene Assimilation an hellenistisch-römische Kultur andrerseits dar. Nur daß eben diese beiden Aspekte wieder im Judentum selbst strittig wurden und somit das Verhältnis zur Umwelt auch von daher unterschiedlich eingeschätzt und realisiert wurde, wobei ernsthafte Konflikte vor allem dann aufkamen, wenn eine nichtjüdische staatliche Autorität gezielt oder auch ohne besondere Absicht assimilatorische jüdische Tendenzen förderte.

Eine spezielle Verschärfung der Haltung gegenüber der „Weltmacht", die als solche die „Weltvölker" im Gegensatz zum „Gottesvolk" repräsentierte, ergab sich ab 200 v. Chr., insbesondere infolge der Politik Antiochus IV. Epiphanes. In dem ca. 164 v. Chr. abgeschlossenen Buch Daniel wird (in Kap. 2 und Kap. 7) die damals weiter verbreitete Ansicht vertreten, die Weltgeschichte verlaufe als Folge von vier Weltreichen: Babylonier, Meder, Perser und Griechen. Mit dem Fall des vierten Reiches war die Erwartung der Vollendung, der Gottesherrschaft, verbunden. Dieses Schema wurde in römischer Zeit der neuen Lage angepaßt, man zog (meistens) Meder und Perser zusammen oder wertete Rom als Fortsetzung des griechischen Reiches. Die Vorstellung von Rom als vierter und damit letzter Weltmacht vor der Heilszeit sowie die Analogie zwischen Babylon, das den ersten Tempel zerstört hatte und Rom, das den zweiten Tempel zerstörte, beherrschte im großen und ganzen das jüdische Geschichtsbewußtsein bis zur Zeit der Aufklärung herauf. Die revolutionäre Sprengkraft dieses Schemas ist kaum zu unterschätzen und das mächtige Rom hat in zwei blutigen Kriegen seine Wirkung zu spüren bekommen. Die Geschichte des Judentums war also tatsächlich in schicksalhafter Weise mit der geschilderten Geschichtstheologie verbunden, und jüdischerseits war man sich dessen bewußt, daß ein Konflikt von tragischer Zwangsläufigkeit auszutragen war: Man versinnbildlichte ihn mit dem biblischen Konflikt zwischen Esau und Jakob im Buch Genesis, mit deren Handel und Streit um das Erstgeburtsrecht, wobei letzten Endes beide Gestalten zu Repräsentanten gegensätzlicher Haltungsweisen stilisiert wurden: „Esau der Frevler" und „Jakob der Gerechte".

Selbstverständlich teilten nicht alle Juden diese in der Tradition vorherrschend gewordene Geschichtsschau, zeitweilig dürften nicht wenige Juden sie entweder von vornhinein abgelehnt haben oder dem ihr inhärenten Dilemma zu entrinnen versucht haben, indem sie den Ausgleich mit der Umwelt und realpolitische Lösungen vorzogen. Leider ist infolge der überlieferungsgeschichtlichen Gegebenheiten aus diesen Kreisen nichts überliefert, was ausreichenden Einblick vermitteln könnte. In den Augen derer, die für die Tradition maßgeblich wurden, waren solche Juden ja Abtrünnige. Aus dem Judentum selbst ging dann auch jene religiöse Bewegung hervor, die als Christentum den Ausgang der Antike religiös und auch politisch bestimmte, so daß der Gegensatz Rom–Israel („Esau"–„Jakob") durch die christliche Religionspolitik der „Weltmacht" eine zusätzliche Zuspitzung erfuhr.

2. Das Erbe der persischen Periode

Die persische Periode (538–333/2 v. Chr.) war für die weitere Geschichte des Judentums gewiß richtungweisend, in ihr hatten auch die heiligen Schriften, die als „Altes Testament" bezeichnet werden, zum größten Teil ihre endgültige Gestalt erhalten, und dennoch handelt es sich um einen relativ undurchsichtigen Zeitabschnitt, weil mit den wenigen historischen Quellen chronologische Unsicherheiten verbunden sind.

Das bereits erwähnte Edikt des Königs Kyros gestattete den deportierten Jerusalemern und Judäern nicht bloß die Rückkehr in ihre Heimat, es bestimmte auch den Wiederaufbau des Jerusalemer Tempels und die Wiedereinrichtung seines Kults

(Esra 1, 2–4; 6, 3–5). Damit konnten die Heimkehrer sich als Kreis der Ediktsempfänger verstehen und in der Heimat gegenüber den Ansässigen als privilegierte Gruppe abgrenzen. In der Tat kam es während des Tempelbaues auch bald zu ersten Auseinandersetzungen um die Frage, wer sich beteiligen und somit danach Mit-Träger des erneuerten Kults sein dürfe. Ein erster Riß zwischen Heimkehrergemeinde und einem Teil der Landesbevölkerung brach also schon in den ersten Jahrzehnten auf. Aber die politische Entwicklung förderte die Sonderstellung der Heimkehrergemeinschaft zunächst nicht weiter. Waren die ersten Statthalter, *(pecha)* Scheschbazzar, und sein Nachfolger, Zerubbabel ben Schealtiel, noch von der davidischen Dynastie, so zerschlugen sich um 520 die Aussichten auf eine davidische Restauration und so blieb diese Gegenstand der Endzeithoffnung, immer stärker mit dem Begriff der Gottesherrschaft verbunden. Darius I. (521–486 v. Chr.) hatte offenbar Anlaß, auch in Juda Veränderungen vorzunehmen, die kleine Provinz Jehud(a) der transeuphratischen Satrapie hatte von nun an keine davidischen Statthalter mehr, sondern teils jüdische, teils nichtjüdische, doch ist die Bezeugung mangelhaft. Daneben kam dem Hauptpriester (später: Großpriester bzw. Hohepriester) und einem Gremium von Notablen eine gewisse Bedeutung zu. Bekannt ist ferner, daß die Provinz in Kreise eingeteilt war. Die für die jüdische Geschichte relevanten Nachbarprovinzen waren – auf dem Gebiet des alten Nordreichs – Samaria mit einer erblichen Statthalterschaft, und Galiläa; im Ostjordanland bestand offenbar ebenfalls eine erbliche Verwaltung, zur Zeit des Nehemia (s. u.) ist jedenfalls ein Tobija bezeugt, dessen Familie (die „Tobiaden") noch eine beträchtliche Rolle spielen sollte. Sie war wie – wenigstens z. T. – auch die samaritanische Statthalterfamilie – israelitischer Herkunft, jedenfalls verstanden sie sich so, wie die theophoren Namen (auf -jah) andeuten, und daher waren sie auch am Tempel in Jerusalem mitinteressiert – was gewiß auch politische und wirtschaftliche Interessen einschloß. Doch scheint zwischen diesen israelitischen Kreisen und der Heimkehrergemeinde nur dort eine engere Verbindung zustande gekommen zu sein, wo die Mechanismen wirtschaftlicher Faktoren ins Spiel kamen. Sobald der Kultbetrieb des 519 eingeweihten Zweiten Tempels einmal lief, lag es nicht mehr im Interesse der Priesterschaft, den Kreis der Kultberechtigten zu eng zu ziehen, und potente Opfer-Spender wie die Statthalterfamilien der benachbarten Provinzen fanden daher bald Mittel und Wege, um in Jerusalem Fuß zu fassen. Und selbstverständlich mußte mit der Zeit der Kontakt zwischen Heimkehrern und Ansässigen auch zu Eheschließungen führen, die die Grenzen der Heimkehrergemeinde allmählich auflokkerten. Jedenfalls haben die Statthalterfamilien der benachbarten Provinzen mit der Zeit in den vornehmeren Priesterfamilien Freunde und Geschäftspartner gefunden, was für Jerusalem und seinen Tempel die Chance einer über die Provinz hinausreichenden israelitischen Rolle bedeutete. Dem widerstrebte ein entschieden „jüdisch“, also enger eingrenzender Trend innerhalb der Heimkehrergemeinde, und eben die Wahl zwischen Integration und Abkapselung wurde auch künftig immer wieder aktuell. Leider liegt die frühe Zeit der Achämenidenherrschaft weitgehend im Dunkel der Geschichte. Manche vermuten zwar, daß im Rahmen der 485/3 aufflackernden Aufstände in Ägypten und im syrisch-palästinischen Küstenbereich auch Juda betroffen war und Jerusalem mit dem Zweiten Tempel durch Artaxerxes I. zerstört wurde, aber die Andeutungen, die man dafür bei Maleachi und in manchen Psalmen finden wollte, lassen sich auch anders erklären. In dieser Zeit muß innerhalb der Heimkehrergemeinde das sogenannte deuteronomistische Geschichtswerk (Bücher Josua bis II. Könige) und die Redaktion der meisten prophetischen Bücher vollendet worden sein; Indiz dafür, wie stark in diesen Kreisen die geschichtstheologische Spekulation und damit eben auch die Erwartung einer endgültigen Geschichtswende grassierte. Die negative Zeichnung der Geschichte des Nordreichs und seiner Könige zeigt wohl, daß hier die Abgrenzung gegenüber Samaria mit eine Rolle gespielt hat (wenngleich das judäische Geschichtsbild allein dafür schon genug Anlaß gab). Jedenfalls haben die Samaritaner diese Texte nicht als Heilige Schrift akzeptiert – ebensowenig wie eine priesterlich geführte Richtung in Jerusalem/Juda. Hingegen hat der Pentateuch, wie immer man sich seine Schlußredaktion vorstellen soll, auch für die Samaritaner bereits unstrittig als Heilige Schrift gegolten, als sie dann endgültig Jerusalem den Rücken kehrten. Wann dies anzusetzen ist, gehört ebenso wie die Ansetzung der Reform des Esra zu den schwierigsten Problemen dieser Geschichtsperiode, denn die Bücher Esra/Nehemia ergeben keine eindeutige Abfolge der Ereignisse, und Flavius Josephus, der wichtigste historische Schriftsteller des antiken Judentums (gegen und um 100 n. Chr.), weicht im Buch XI seiner „Altertümer" in auffälliger Weise von den Büchern Esra/Nehemia ab. Da es hier jedoch mehr um die Voraussetzungen für die weitere Geschichte als um chronologische Einzelfragen geht, sei der Akzent mehr auf die wirkungsgeschichtlichen Aspekte gelegt.

Nach der Datierung in Esra (7, 7) wurde im Jahr 458 der priesterliche Gesetzesgelehrte Esra vom persischen Hof als „Schreiber des Gesetzes des Himmelsgottes" in offizieller Mission nach Juda entsandt, wobei dieses Gesetz doch wohl bereits mit dem Pentateuch bzw. dessen gesetzlichen Inhalten identisch war. Bemerkenswert ist, daß dieses „Gesetz" – für Spätere ganz selbstverständlich der Pentateuch (= die „Tora", das heißt Lehre, Anweisung) – damit königlich anerkanntes Recht wurde und allem Anschein nach die Heimkehrergemeinde in erster Linie als Bereich der Rechtsgeltung gedacht war. Aus irgendwelchen Anlässen, ob in Juda oder Babylonien bzw. in bestimmten Kreisen beider Bereiche, war man zur Überzeugung gelangt, daß die Verhältnisse in Jerusalem/Juda mit Hilfe königlicher Sanktion anhand dieser „Tora" geordnet werden müßten, und Hand in Hand damit ging eine Heimkehrerwelle, in deren Folge die Position der Jerusalemer Adressaten erheblich gestärkt wurde. Die Anerkennung der Tora als königliches Gesetz fällt an sich nicht aus dem Rahmen persischer Politik, auch in Ägypten verfuhr man ähnlich. Dabei bedurfte es einer auch bei Hof zugänglichen verbindlichen Fassung, was offenbar dazu geführt hat, daß man in Jerusalem/Juda die Tora nicht mehr in der althebräischen Schrift, sondern in der Schrift der aramäischen Reichssprache überlieferte, im bemerkenswerten Unterschied zu den Samaritanern. Dabei wird deutlich, daß dieser Schritt, eine nicht unwesentliche Neuerung, unter anderem auch das Ziel verfolgte, die Kontrolle über Jerusalem und seinen Tempel gegenüber samaritanischen und anderen spätisraelitischen Interessen abzuschirmen, die „jüdische" Linie klarer durchzuziehen. Sofern die Datierung für Esra sich zunächst nicht durchzusetzen vermochte, und daß erst die Ernennung Nehemias, eines jüdischen Höflings, zum neuen Statthalter von Juda die politischen Voraussetzungen für die Durchsetzung der „Reform" schuf. Dies geschah vermutlich gegen Ende der dreißiger Jahre.

Auch Nehemia stieß zunächst auf harten Widerstand, zuerst bei seinen Bemühungen, Jerusalem zu befestigen und somit vor dem Zugriff der einflußbegierigen Nachbarprovinzen zu schützen. Sanballat in Samaria, Tobija im Ostjordanland und ein „Araber", Chef südlicherer Stämme, waren sich in der Gegnerschaft zu Nehemia einig. Jedenfalls mußte dieser nach einem längeren Aufenthalt bei Hof zu Beginn der zweiten Amtsperiode (nach 427?) feststellen, daß in vielen Bereichen die alten Zustände wieder eingerissen waren, nicht zuletzt wegen der engen Beziehungen zwischen hohepriesterlichen Familienmitgliedern und samaritanischem Sanballat-Clan. Möglicherweise trifft die Angabe Neh 13, 28 zu, wonach Nehemia einen der Hohepriestersöhne verjagte, weil er eine Sanballat-Tochter geehelicht hatte, und daß diese Affäre identisch ist mit jener, die Josephus ant XI, 297 ff. über einen Hohepriestersohn namens Manasse erzählt, aber chronologisch zu spät ansetzte. Statt Manasse wurde dann Jochanan Hohepriester. Auch Tobija aus dem Ostjordanland verlor nun eine Halle im Tempelvorhof, die man ihm eingeräumt hatte, wieder. Die „Juden" grenzten sich also ab, und den Höhepunkt erreichte die Reform in der von Esra vergeblich geforderten, unter Nehemia dann aber durchgesetzten Auflösung aller Ehen mit Nichtjüdinnen. Man vermutete sogar, daß die traditionelle Definition der Zugehörigkeit zum Judentum (nach der Mutter) damals ihren Ursprung hatte, speziell in der Affäre mit Manasse und der Sanballat-Tochter, dessen Nachkommen damit für die hohepriesterliche Amtsnachfolge in Jerusalem ausschieden. Manasse dürfte sodann für den Ausbau des alten Heiligtums auf dem Berg Garizim zum Konkurrenzheiligtum gegenüber Jerusalem eine Rolle gespielt haben, wobei es unwesentlich ist, wann dort ein regelrechtes Tempelgebäude errichtet wurde. Alle diese Vorgänge hatten auch soziale und ökonomische Aspekte. Die Heimkehrergemeinde hatte offensichtlich nur zu einem Teil wirtschaftlich richtig Fuß fassen können. Jedenfalls fand Nehemia einen beträchtlichen Teil der Juden verschuldet vor und seine Reform bestand nicht zuletzt aus einem Schuldenerlaß.

Die Sozialstruktur des Tempelstaates Juda war schon von früh an einseitig ausgebildet gewesen. Die Priesterkaste und die niedrigeren Kultdiener, die Leviten, genossen erhebliche Privilegien, und damit war die Belastung für die übrige Bevölkerung um so größer. Die Reformen Esras und Nehemias stärkten gerade die Position des Tempels und des Kultpersonals noch mehr. Die soziale Misere war demnach systembedingt und durch gelegentliche Schuldenerlasse nur in ihren Symptomen zu mildern, aber nicht in ihren Ursachen zu beheben. Allerdings wäre es verfehlt, in der betroffenen Bevölkerung ein Bewußtsein für diesen Sachverhalt, oder etwa gar ein Klassenbewußtsein anzunehmen. Die überkommene Ordnung galt als gottgewollt und nur spärlich und erst spät kam es im Lauf der nächsten Jahrhunderte zu kult- und tempelfeindlichen Tendenzen.

Die prosamaritanische Partei gab aber keineswegs bereits auf. Nicht lang nach Nehemias Amtszeit, vielleicht direkt im Anschluß an sie, amtierte ein Statthalter Bagoses/Bagohi, Hohepriester war noch der von Nehemia geförderte Jochanan, dessen Bruder Jeschua die samaritanische Linie verfocht und bei einem Streit im Tempel getötet wurde. Trifft die Ansetzung dieser bei Josephus ant XI, 306 ff. berichteten Episode so zu, dürfte zwischen 410 und 404 ein gewichtiger Schritt zum endgültigen Bruch zwischen Juden und Samaritanern gemacht worden sein. Von nun an konkurrierten Samaria und Jerusalem nicht nur lokal, sondern auch in der Diaspora begann der Kampf um die Orientierung nach Jerusalem oder nach dem Garizim als einander ausschließende Zentralheiligtümer – was nicht zuletzt auch wirtschaftliche Bedeutung hatte. Jedenfalls darf man davon ausgehen, daß sich im frühen 4. Jh. die „jüdische" Linie mit Hilfe babylonischer Diasporakreise und deren Verbindungen zum Achämenidenhof durchzusetzen vermochte und von da an konkret von der Geschichte des „Judentums" im späteren Sinn gesprochen werden kann, was natürlich nicht heißt, man habe die alten Ansprüche auf Gesamtisrael aufgegeben, keineswegs! Man bezog sie nur in konzentrierender Weise auf den eigenen Kreis und auf jene, die sich diesem Anspruch beugten.

Über die letzte Zeit der persischen Periode ist wenig bekannt, doch haben die schweren Niederlagen der Perser gegen die Griechen gewiß auch in Juda Aufmerksamkeit erregt und Hoffnungen geweckt. Möglicherweise verzichteten die Perser zuletzt darauf, einen Statthalter zu ernennen, um diese für die Sicherung Ägyptens wichtige Region zu befrieden, begnügten sich also damit, daß der Hohepriester auch die politische Repräsentanz ausübte. Jedenfalls scheint Alexander der Große bereits eine solche Regelung vorgefunden und bestätigt zu haben.

3. Frühe jüdische Diaspora in Ägypten

In frühpersischer Zeit, möglicherweise schon in den letzten Jahren der assyrischen Herrschaft, verdingten sich Israeliten als Soldaten für eine Militärkolonie in Oberägypten, über die dank der aramäischen Papyri aus Elephantine zumindest für die Zeit um 400 bemerkenswerte Quellen erhalten sind. Ob auch ein Kontakt zu den zur Zeit Jeremias ausgewanderten Judäern (Jer 41, 16 ff.; 44, 1 ff.) bestand, muß offenbleiben. Beachtlich ist neben dem sprach- und rechtsgeschichtlichen Wert der Papyri die Tatsache, daß sie die Existenz eines Tempels in Elephantine bezeugen, wobei die religiöse Vorstellungswelt offenbar mehr der späten Königszeit als den Normen der nachexilischen judäischen Theologie entsprach, denn neben Jahwe tauchen andere göttliche Figuren auf.

Die Militärkolonie in Elephantine hatte nun im späten 5. Jh. Anfeindungen durch die Landesbevölkerung zu bestehen und fand dabei bei den Behörden keine ausreichende Unterstützung. Unter anderem schrieb man auch nach Jerusalem, von wo kurz davor, 411, eine königlich autorisierte Mitteilung über die Durchführung des Passah-Festes eingetroffen war, wobei man sowohl vom Hohepriester Jochanan wie von den politischen Repräsentanten Judas, dem Statthalter Bagoas, aber auch vom samaritanischen Sanballat, eine Unterstützung erhoffte. Da man sich sowohl nach Jerusalem wie an Sanballat wandte, war das judäisch-samaritanische Zerwürfnis wohl noch nicht bekannt und daher noch mehr israelitisches als jüdisches Bewußtsein lebendig. Jochanan freilich enthielt sich einer Antwort.

4. Jüdische Kolonien in Arabien

Unter dem babylonischen Herrscher Nabonid (555–539 v. Chr.) kam es allem Anschein nach zur Gründung jüdischer Militärkolonien in Arabien. Die Nachrichten lassen genauere Erkenntnisse nicht zu, doch muß von da an mit einer gewissen Diaspora auch in diesem Raum gerechnet werden.

II. Die Zeit der hellenistischen Reiche

1. Im Reich Alexanders des Großen

Die Religionspolitik der Achämeniden hatte schwerlich einmal Anlaß zu Konflikten gegeben, auch wenn die Handlung des biblischen Ester-Romans in persischer Zeit spielt. Dennoch darf man annehmen, daß jedes Anzeichen für einen Zerfall oder gar Fall des Großreichs die geschichtstheologische Phantasie beflügelte, daß die großen Niederlagen der Perser gegen die Griechen bereits als Hinweise auf eine bevorstehende Geschichtswende verstanden wurden. Somit konnte der Siegeszug Alexanders des Großen, der 332 Tyrus belagerte und im Frühling des folgenden Jahres bereits als Eroberer Ägyptens wieder durch Palästina zog, durchaus positiv gedeutet werden. Tatsächlich spielte Alexander der Große dann auch in der jüdischen Überlieferung eine nicht geringe Rolle, und auch der Alexanderroman war im Mittelalter in mehreren hebräischen Fassungen verbreitet. Wer eine Weltmacht stürzte, konnte eben in einer den Heilsgeschichtsprozeß fördernden Rolle gesehen werden (Dan 8, 5 ff.), wer ein Weltreich etablierte, erschien hingegen eher in negativem Licht – und insofern auch Alexander selbst im 1. Makkabäerbuch (1, 1 ff.) als erster der hellenistischen Herrscher, in denen man mittlerweile die Repräsentanten einer neuen – und wie man hoffte, letzten – „Weltmacht" sah. Mit dem historischen Alexander kamen die Juden allem Anschein nach ohne Schwierigkeiten zurecht, auch wenn die spärlichen Quellen erkennen lassen, daß auch die samaritanische Konkurrenz in entschiedener Weise auf den Plan trat und in der Folge auf dem Berg Garizim ein regelrechter Tempel stand. Aber die Samaritaner setzten bald nach ihrer Unterwerfung auf eine falsche politische Karte, sie ermordeten den Statthalter Alexanders, Andromachos, und wurden hart gemaßregelt, Samaria selbst wurde zerstört. Die Juden, repräsentiert durch den Hohepriester, erreichten mit ihrer Unterwerfung, daß kein makedonischer Statthalter eingesetzt wurde, Juda blieb also autonomer Tempelstaat im Verbund der Provinzen der ehemaligen transeuphratischen Satrapie. Die bei Josephus ant XI, 329 ff. und in talmudischen Texten erhaltenen Nachrichten über die Begegnung zwischen Alexander und dem Hohepriester sind legendärer Art und apologetisch gefärbt, auch wenn die Möglichkeit, daß Alexander nach Jerusalem kam, nicht auszuschließen ist. Juda fügte sich somit recht gut in die neue Situation ein. Religiös gab es zunächst keinen Anlaß zu Konflikten. Die

„Griechen" erschienen in relativ günstiger geschichtstheologischer Beleuchtung, ihre biblische Repräsentation im Noah-Sohn Japhet bzw. dessen Nachkommen Jawan zeigt, daß die traditionell geübte Einordnung neuer Machtkonstellationen in die genealogischen Überlieferungen der Bibel anfangs ohne negatives Vorzeichen erfolgte. Der Hellenismus berührte Juda schwerlich in religiöser Hinsicht, dazu lag es zu abseits, griechische Sprachkenntnisse und gewisse zivilisatorisch-kulturelle Neuerungen bedeuteten weder eine bewußte Hinwendung zu hellenistischer Kultur noch einen Anlaß zur Abwehr. Grundsätzlich hatte sich freilich eine religionspolitische Voraussetzung verändert, denn die Religion der Achämenidenherrscher kam in manchen Punkten jüdischen Auffassungen nahe, der Polytheismus war in persischer Zeit kein akutes Problem für die Juden, während in hellenisierten Städten die bildliche Repräsentation der Götter ins Auge fiel – und über kurz oder lang galt dies für alle lokalen Kulte in ihrer hellenistischen Art. Erst diese Hellenisierung der syrischen Kulte, der unmittelbaren nichtjüdischen Umgebung, brachte die hellenistische Kultur für jüdisches Empfinden nach und nach in Mißkredit. Umgekehrt mußte in einer Welt, die programmatisch den Synkretismus als auch politisch wünschenswerten Faktor förderte, die jüdische Absonderung als Ausdruck einer entweder rückständigen oder überhaupt feindseligen Haltung erscheinen. Der so vorprogrammierte Konflikt mußte in dem Maß akut werden, als die politische Macht in die religiösen Belange Judas eingriff oder in gemischt besiedelten Gebieten Fragen des Zusammenlebens gelöst werden mußten. Juda war nun einmal ein Auswanderungsland, die Ansiedlung von Juden in der Küstenebene und im syrischen Bereich war daher ein natürlicher Prozeß. Anders in Ägypten, wo die „Griechen" als dünne Herren- und Kolonistenschicht einer alteingesessenen Bevölkerung mit uralten Traditionen gegenüberstanden und – anfangs – jeden Zuzug von weiteren Fremden begrüßten. So wurde den ansiedlungswilligen Juden bereits in Alexandrien ein eigener Kolonistenstatus gewährt, der sich prinzipiell nicht von der allgemeinen Rechtsgrundlage (autonome Erledigung der innerjüdischen Angelegenheiten gemäß den Gesetzen und Bräuchen der Väter) unterschied, aber mit der Zuweisung eigener Stadtviertel eine Konkretisierung der Autonomie erlaubte. Die jüdischen Siedlungen der hellenistischen Diaspora bildeten daher von Anfang an eine besondere Gruppe neben dem üblichen sozialen Gefüge: herrschende freie Schicht („Griechen“ oder „Makedonier“; in den hellenistischen Städten die Polis-Bürger), Metöken und Bauern. Das Besondere der jüdischen Siedlungen war demnach, daß sie zwar nicht gleiche Rechte wie die „Griechen“ hatten, aber neben diesen nach eigenem Recht organisiert waren, wobei die Frage, wieweit dieses Nebeneinander auch Gleichberechtigung *(isonomia)*, also Gleichrangigkeit, bedeutete, dann und wann zur Streitfrage werden konnte, ganz abgesehen von einzelnen Juden, die – offenbar unter teilweiser Hintansetzung religiöser Traditionen – versucht waren, innerhalb der „griechischen“ Rechtsgemeinschaft Fuß zu fassen und zusätzlich zu den jüdischen Privilegien noch Rechte der hellenistischen Bürger zu erlangen. Der politisch geförderte Synkretismus und die Frage der „Gleichberechtigung“ waren in der Folge die eigentlichen Konfliktherde zwischen Judentum und Umwelt. Nicht zu unterschätzen ist dabei jedoch der ebenfalls vorprogrammierte innerjüdische Konflikt. Die wohlwollende Förderung des hellenisierenden Synkretismus hat offensichtlich auch Juden – und dies natürlich speziell in der Diaspora – nicht unberührt gelassen. Aus eigener Überzeugung wie aus Kalkül lag es wohl oft genug nahe, die Traditionen der Väter nach dem Vorbild der hellenisierenden Umwelt umzuformen, Konzessionen zu machen, und so ein integraler Teil der hellenistischen Welt zu werden. Dieser Trend, der die gesamte Spätantike durchzieht, ist in der jüdischen Überlieferung selbstverständlich verurteilt worden, doch besagt dieses Urteil nicht, daß es von vornhinein eine eindeutige „Abfallbewegung“ war oder daß sie zahlenmäßig eine Randerscheinung darstellte. Auch für die Umwelt war „Judentum“ im traditionellen Sinne und „Juden“ bzw. „Judentum“ im weitesten Sinne nicht unbedingt identisch, die Möglichkeit, daß es mit gewissen Juden zu begrenzten Konflikten kam, während ansonsten alles beim alten blieb, war daher gegeben, nur daß die betroffene jüdische Gruppe in ihrer – dank der Kontinuität der rabbinischen Überlieferung erhaltenen – Geschichtsschau solche Konflikte nicht als politisch-soziale, sondern vorrangig als religiöse begriff. Mit anderen Worten: Die in der Einleitung skizzierte Geschichtsauffassung war nicht bloß ein Mittel zur Auseinandersetzung mit der Umwelt, sondern gleichermaßen innerjüdischer Konfliktstoff. Es sprach jenen jüdischen Richtungen die Legitimität ab, die den Ausgleich mit der hellenisierten Umwelt suchten und die sich dabei mit jenen nichtjüdischen Tendenzen trafen, die im Judentum und seiner Gottesvorstellung eine höhere Stufe der Religiosität und eine Bestätigung gängiger hellenistischer Religionskritik sahen. Es war somit vor allem die religiöse Praxis en detail, die innerjüdisch wie im Verhältnis zur Umwelt die jeweilige Geschichtsauffassung sichtbar machte – und folgerichtig war auch die hellenistische Zeit für die Fixierung religiöser Praktiken grundlegend. Nur verstellte gerade dies vielfach wieder den Blick auf die grundsätzlichen Motivationen und erschwerte das Verständnis. Viele Gebote und Verbote der Überlieferung waren rational unbegründbar. Sabbatheiligung, die zahlreichen rituellen Reinheitsvorschriften, die in der antiken Welt weithin als Verstümmelung eingeschätzte Beschneidung – all dies stand zur Debatte, für die einen verzichtbares überkommenes Brauchtum, für Fremde oft genug befremdlich und abstoßend, für andere wieder unverzichtbarer und bekenntnishafter Teil des offenbarten Gotteswillens, der Tora, Teil der Schöpfungsordnung und im Vollzug das Mittel zur Vollendung der göttlichen Heilsgeschichte.

Die Diadochenkämpfe nach dem Tode Alexanders haben Juda sicher mitbetroffen, war doch gerade das syrisch-palästinische Gebiet der Zankapfel, um den sich die Beherrscher Ägyptens und des „fruchtbaren Halbmonds" stritten. Schon die Überführung des Leichnams Alexanders nach Alexandrien benützte der spätere ägyptische König Ptolemaios I. zur Besetzung Palästinas und weiter Teile Syriens, den dortigen Statthalter Laomedon vertreibend. Zwar wurde dieser 321 infolge der Einigung in Triparadeisos wieder in seine Funktionen eingesetzt, doch Ptolemaios verfolgte seine Pläne weiter, und schon 320 unterlag Laomedon. Palästina, Phönizien, der zwischen beiden Parteien strittige Teil Syriens, später gern Koilesyrien genannt, wurden ptolemäisch. Erst Antigonos gelang es 315, in diesem Raum wieder Fuß zu fassen, aber in der Schlacht bei Gaza 312 errang Ptolemaios einen überwältigenden Sieg. In diesem Zusammenhang war er auch genötigt, mit Waffengewalt gegen Jerusalem/Juda vorzugehen, wo man also die Kräfteverhältnisse falsch eingeschätzt hatte. Jerusalem fiel jedoch so gut wie kampflos, weil sich die Juden am Sabbat nicht zur Gegenwehr entschließen konnten. Dieser Umstand läßt auf eine radikalisierte Frömmigkeit schließen, die mit dem Vorrücken der Truppen des Antigonos irgendwelche geschichtstheologischen Hoffnungen verbunden hatte. Ptolemaios deportierte nun einen Teil der gegnerischen Partei nach Ägypten, und alsbald scheint eine freiwillige Exulantenwelle gefolgt zu sein, anscheinend unter dem proptolemäischen Hohepriester Hiskia (Josephus c. Apionem I, 186), denn Antigonos rückte noch 312 erneut heran und hielt die Region bis 301 unter seiner Kontrolle. In diesem Jahr erlitt er bei Ipsos eine fatale Schlappe, und diese löste einen erneuten stufenweisen Vormarsch des Ptolemaios aus, gegen alle Abmachungen übrigens; und 286 hatte er die gesamte strittige Region fest in der Hand, sie als Bastion Ägyptens gegen den stets gefahrenvollen Nordosten ausbauend. Seleukos, der nunmehrige Hauptgegenspieler, bediente sich übrigens ebenfalls jüdischer Kolonisten; um 295 siedelte er Juden in Antiochia an. Die jüdischen Sympathien waren also auf die beiden streitenden Parteien verteilt.

2. Unter ptolemäischer Herrschaft

2.1. In Palästina

Im zentralistisch regierten Ptolemäerreich war Juda im großen und ganzen nicht schlecht aufgehoben: der Tempelstaat behielt seine autonome Stellung unter dem Hohepriester, und dieser hatte somit für das Steueraufkommen seines Gebietes zu sorgen, indes die sonstigen Hyparchien der phönizisch-syrischen Provinz königlicher Verwaltung unterstanden, die, auf altägyptischen Erfahrungen fußend, eine ausgeprägte Bürokratie entwickelte, über deren Funktionieren die sog. Zenon-Papyri Aufschluß geben, die Korrespondenz eines gewissen Zenon aus Kaunos, der zwischen 260 und 258 in königlichem Auftrag die Provinz bereiste und wirtschaftliche Transaktionen durchführte. Unmittelbare königliche Eingriffe hatte Juda nur zu befürchten, falls die fiskalisch-ökonomischen Erwartungen nicht erfüllt wurden, jedenfalls war es denkbar, daß der König wie bei den großen Tempelländereien in Ägypten einen königlichen Verwalter (prostates) bestellte. Und selbstverständlich berührte die Autonomie nicht militärische Belange, mit einer ptolemäischen Garnison mußte man sich in Jerusalem abfinden (Josephus ant XII, 138). So blieb Juda zunächst relativ unberührt von den Veränderungen, die alsbald im Bereich der Küstenstädte, später auch in den Zentren der Nachbarhyparchien einsetzten. Hier wurden die Städte immer deutlicher nach griechischem Polis-Muster organisiert und griechische Lebensart wurde Mode. Freilich darf diese Hellenisierung der Region nicht zu Überschätzungen verleiten, man gab sich griechisch, aber man blieb weithin, was man war. Man identifizierte die alten Götter mit griechischen, aber die alten Kulte waren es, die weiterlebten. Und unter dem hellenistischen Firnis konnten lokale und regionale Sonderbestrebungen sowohl weiterschwelen wie auch neu aufkommen. In jüdischer Optik freilich mag die hellenistische Oberfläche als Symptom eines nun geeinten Heidentums allmählich bedrohlichen Charakter gewonnen haben, und je näher man dieser neugeformten Umwelt durch wirtschaftlich-gesellschaftliche Verbindungen oder durch siedlungsmäßige Ausweitung rückte, desto deutlicher trat der Kontrast zutage. Noch war aber der alte Konflikt zwischen Heimkehrergemeinde („Juden“) und weiteren israelitischen Gruppen der Umgebung nicht vollends ausgeräumt. Die Tobiaden, die im Ostjordanland von der persischen Zeit her ihren Herrschaftssitz hatten, machten ihre unter Nehemia erlittene Demütigung wieder wett und übten in Jerusalem/Juda einen beträchtlichen Einfluß aus. Dabei zeigen die Zenon-Papyri, daß die Tobiaden im Ostjordanland eine dem übrigen Entwicklungsstand durchaus entsprechende Verwaltung ausübten, also dabei keineswegs jüdisch-chauvinistisch verfuhren, sondern die Integration in den größeren regionalen Zusammenhang förderten. Man darf annehmen, daß die Freunde der Tobiaden in Jerusalem/Juda ähnliche Ziele verfolgten, was hier zwangsläufig in eine gewisse Spannung zu den Prinzipien der Reformen unter Esra/Nehemia geraten mußte. Die Grenzen zwischen den Fronten verliefen selbst innerhalb der höheren Priesterschaft, ja sogar innerhalb der hohepriesterlichen Familie – wie bereits in persischer Zeit. Und ebenso begreiflich ist es, daß sich diese Frontstellungen je nach der politischen Konstellation mit proptolemäischen und proseleukidischen Sympathien verbanden. Glücklicherweise ist aus dieser Zeit ein Bericht erhalten, der in zwar romanhafter Weise recht anschaulich und in den meisten Details wohl auch zutreffend einen Teil der Tobiadengeschichte erzählt (erhalten bei Josephus ant XII, 160 ff.). Demnach bemühte sich der Tobiade Joseph im späten dritten Jahrhundert bei Hof um Steuerpächterpositionen in der syrisch-phönizischen Provinz, und für die beiden letzten Dezennien der ptolemäischen Herrschaft fungierte er als Steuerpächter auch in Juda. Offen ist, ob er analog zu ägyptischer Praxis zum *prostates* (Verwalter) des Tempelstaates ernannt oder ob er mit ptolemäischer Zustimmung in Jerusalem/Juda die politische Funktion, die bis dahin der Hohepriester mit ausgeübt hatte, auf sich übertragen lassen konnte, weil in diesem Zusammenhang von der „prostasia des Volkes“ die Rede ist.

Möglicherweise gab es einen Zusammenhang mit seleukidischen Hoffnungen im Zuge der Aktivitäten Antiochus III. nach seiner Thronbesteigung 322. Sicher ist die Datierung der Vorgänge jedoch nicht, wie auch die Chronologie der bezeugten Hohepriester mit zahlreichen Fragezeichen versehen ist. Möglicherweise ist die Joseph-Episode auch um zwei Dezennien früher anzusetzen, im Zusammenhang mit einer seleukidischen Offensive um 240 und mit einer auf sie bauenden Tendenz im hohepriesterlichen Kreis, welche Joseph mit entschiedener proptolemäischer Haltung und höheren Steuerversprechungen in Alexandrien für sich zu nutzen verstand. Dies hinderte später die Tobiaden nicht, im rechten Moment den seleukidischen Kurs einzuschlagen, ausgenommen den jüngsten Joseph-Sohn Hyrkan, der weiterhin auf ptolemäische Macht baute.

2.2. *In Ägypten*

Unter Ptolemaios I. bildete sich in Ägypten der Kern eines zweiten Diasporaschwerpunktes neben Babylonien, wobei das Aramäische alsbald zurücktrat und das Griechische zur Umgangssprache wurde. Mit der wachsenden Bedeutung dieser jüdischen Bevölkerungsgruppe wurde für den Staat eine Klärung ihrer Rechtsgrundlage wünschenswert, und so dürfte die Nachricht des sog. Aristeasbriefes, daß Ptolemaios II. Philadelphos (283–246) die Übersetzung der Tora ins Griechische angeordnet hat, zutreffen. Von der rechtlichen Bedeutung abgesehen hatte diese Übertragung zur Folge, daß auch Nichtjuden in wachsender Zahl die Möglichkeit hatten, Tora-Inhalte kennenzulernen und für ihre – sehr unterschiedlichen – Interessen auszuwerten. Für die Zukunft des Judentums in der griechisch-römischen Welt, auf weitere Sicht in Europa, war dieser Eintritt in die griechische Kultur grundlegend. Ptolemaios II. war es auch, der durch Freilassung der unter Ptolemaios I. im Jahre 312 deportierten Judäer die jüdische Bevölkerungsgruppe in Ägypten gezielt förderte, und am Ende der ptolemäischen Herrschaft über Palästina, 200–198 v. Chr., kam offenbar eine weitere Einwandererwelle nach Ägypten. Schließlich wurden unter Ptolemaios auch in der Kyrenaika jüdische Niederlassungen gegründet, nach Josephus ebenfalls als gleichrangige organisatorische Größen außerhalb der üblichen „griechischen" Sozialstruktur.

Im frühen 2. Jh., während der inneren Auseinandersetzungen in Juda und der Verfolgungsmaßnahmen unter Antiochus IV. Epiphanes, hat das ägyptische Judentum weiteren Zuzug erhalten. Ptolemaios VI. Philometor (181–145) setzte die jüdische Minderheit gezielt zur Stärkung der königlichen Macht ein und begünstigte daher Juden im wirtschaftlich-administrativen wie militärischen Bereich. In einer jüdischen Militärkolonie in Leontopolis gestattete der König die Umgestaltung eines alten vernachlässigten Tempelbezirks zu einem jüdischen Tempel durch den aus Juda geflüchteten Sohn des letzten Oniaden-Hohepriesters. Dieses politisch-militärische Gewicht hatte aber auch seine Schattenseite, nämlich im Falle von Thronfolgestreitigkeiten, wenn Parteinahme gefordert war. Sowohl Ptolemaios VII. (145/144) wie Ptolemaios IX. (116–107/101) sah sich genötigt, zeitweilig gegen Juden Maßnahmen zu ergreifen, weil sie die Gegenpartei unterstützt hatten, im letzteren Fall wird die Situation durch den Umstand begreiflich, daß Kleopatra III. (116–101) zwei jüdische Heerführer im Dienst hatte, Söhne eben jenes Onias, der den Leontopolis-Tempel eingerichtet hatte. Im Lauf der ptolemäischen Zeit hatten also die Juden in Ägypten neben den „Griechen" auch machtpolitisch gesehen einen beachtlichen Erfolg errungen. Dies hatte selbstverständlich auch auf die Geschichte der Juden in Palästina seine Auswirkungen, wo seit 198 v. Chr. die mit den Ptolemäern fast ständig Krieg führenden Seleukiden herrschten. Schon sehr früh suchten die Ptolemäer diesen ihren Erbfeind durch Beziehungen zu Rom zu bedrängen, auf mittlere Sicht ein genialer und wirkungsvoller politischer Schachzug. Der Ruf der römischen Macht, seit der Zerstörung Karthagos (146 v. Chr.) ins Mythische gesteigert, eilte ja ihren Legionen voraus, und römische Diplomatie gestaltete die politischen Verhältnisse des Vorderen Orients schon im frühen 2. Jh. entscheidend mit. Als Antiochus IV. Epiphanes 168 v. Chr. Ägypten bezwang, stellte ihm eine römische Gesandtschaft ein beschämendes Ultimatum – und der Seleukide begriff, daß er sich zu beugen hatte, die Niederlagen des Antiochus III. zwischen 192–188 waren noch in zu frischer Erinnerung, die Last des Friedens von Apamea (188) mit ungeheuren Reparationsleistungen und völliger Flottenabrüstung noch nicht verwunden. Für die Ptolemäer war Rom zu der Zeit die rettende Stütze, und auch die Juden Ägyptens haben diese Orientierung geteilt: Gegen Ende der ptolemäischen Periode, 57 wie 47 v. Chr., gehörten jüdische Kräfte zu den Wegbereitern direkter römischer Einflußnahme auf das durch dynastische Zwistigkeiten desorganisierte Ptolemäerreich. Rom als politische Trumpfkarte war überdies für alle Juden von Interesse, die im Blick auf Palästina Politik machten, und es ist naheliegend, daß ägyptische Juden im Zuge der romorientierten ptolemäischen Politik auch zur Romorientierung in Palästina beitrugen. Schließlich ist nicht zu vergessen, daß die Ptolemäer zeitweilig auch Gebiete in Kleinasien beherrschten. Es wäre erstaunlich, wenn das starke und rührige ägyptische Judentum nicht auch dorthin ausgestrahlt oder dort überhaupt Niederlassungen gegründet hätte.

3. Unter den Seleukiden

3.1. Hoffnungen und Enttäuschungen

Die Möglichkeit einer seleukidischen Rückgewinnung Koilesyriens/Palästinas war während des 3. Jh. nie völlig von der Hand zu weisen, und das bedeutete für Juda/Jerusalem eine politische Zwickmühle, denn vom rechtzeitigen Kurswechsel hing für ein so kleines autonomes Gebilde sehr viel ab. Naturgemäß gab es darum unter den Juden gegensätzliche Beurteilungen der Lage und zugleich damit wohl auch unterschiedliche Interessen. Mit Antiochus III. den Großen (223–187) kam zudem ein Herrscher von starkem Willen und großen Gaben auf den Seleukidenthron, ein König, der trotz vielfältiger Bedrängnisse an allen Grenzen und ungeachtet schwerer Rückschläge eine energische und offensive Politik betrieb. Juda wurde davon zunächst nur indirekt betroffen, weil die militärischen Operationen in Koilesyrien 221 und 219 mehr die Küstengebiete betrafen, doch 218 rückte der Krieg schon näher an Juda heran, wo sich eine seleukidenfreundliche Partei von einem Herrschaftswechsel gewisse Vorteile versprach, vielleicht auch endzeitliche Hoffnungen hegte. Aber 217 verlor Antiochus III. mit der Schlacht von Raphia bei Gaza für einige Zeit die Aussicht auf eine Rückeroberung, und die Ptolemäer nahmen die Zügel wieder fest in die Hand. Erst im „fünften syrischen Krieg", der 201 einsetzte, fiel Palästina den Seleukiden zu, und nach energischer Gegenwehr mußte sich schließlich auch Gaza ergeben. Proseleukidische Juden haben in diesem Feldzug möglicherweise eine aktive Rolle gespielt, denn der ptolemäische Heerführer Skopas, vor dem Antiochus zunächst wieder zurückweichen mußte, hatte anscheinend Grund zu Strafmaßnahmen. Aber 198 v. Chr. entschied das Kriegsglück an den Jordanquellen bei Paneas endgültig zugunsten der Seleukiden. In Judäa triumphierte die proseleukidische Partei, und die ptolemäische Garnison von Jerusalem wurde mit jüdischer Beteiligung zur Kapitulation gezwungen. Der Kurswechsel zahlte sich aus. Unter dem Hohepriester Simon II. erlangte der Tempelstaat erhebliche Zuwendungen, was Ausbesserungsarbeiten am Tempel ermöglichte, und die Oberschicht (insbesondere Priester) gewann weitere Steuerprivilegien. Der Status von Judäa als autonomer Tempelstaat wurde ausdrücklich bestätigt, im übrigen Koilesyrien/Phönizien als eine neuorganisierte „Strategie" in vier Eparchien gegliedert, innerhalb deren allerdings die königlichen Besitzungen und hellenistischen Städte nach wie vor gesonderte Einheiten bildeten. Sollten proseleukidische Gruppen vom Herrschaftswechsel etwa eine messianische Wende erwartet haben, so bewies diese Einbindung Judäas in die militärische Strategie deutlich die Etablierung einer neuen Fremdherrschaft. Zunächst freilich erreichten die Juden ein doppeltes Ziel. Innerhalb Judas war der status quo nicht nur gewahrt, sondern sogar verbessert worden, und außerhalb der Tempelstaatsgrenzen erhielten sie von Antiochus III. für ihre Gemeinden eine vergleichbare Rechtsgrundlage. In einem Brief an den Statthalter der Strategie Koilesyrien/Phönizien wird bestätigt, daß den Juden das Recht zusteht, gemäß ihren „väterlichen Gesetzen“ zu leben, also nach der Tora, die nun für Judäa ausdrücklich als staatliches Recht anerkannt war. Einige Details sind bemerkenswert. So die Erwähnung eines Notablengremiums (Gerusie), oder der Priesterschaft und der Tempelschreiber und Tempelsänger in Zusammenhang mit der Befreiung von der Kopfsteuer. Die Bestimmung, daß Nichtjuden den Jerusalemer heiligen Tempelbezirk bei Todesstrafe zu meiden hätten, und das Verbot der Einfuhr rituell unreinen Fleisches in die Heilige Stadt deuten darauf hin, daß religiös eine relativ radikale Tendenz zum Zug gekommen war, die eine gewisse Nähe zu den Vorstellungen von der Heiligkeit des Tempels und der Tempelstadt vermuten läßt, die in der sogenannten „Tempelrolle von Qumran“ bezeugt sind. Falls man voraussetzen darf, daß die proptolemäische Partei eher einen offeneren Standpunkt vertreten hatte, so wäre also anzunehmen, daß mit der seleukidischen Eroberung eine konservativere Richtung die Oberhand gewann. Die Kontinuität politisch-wirtschaftlicher Interessen und Sachzwänge war aber so leicht nicht auszuklammern. Die Söhne des Tobiaden Joseph, der noch bei den letzten vergeblichen Versuchen der Seleukiden, in Koilesyrien wieder Fuß zu fassen, entschieden auf ptolemäischer Seite gestanden hatte, wechselten offenbar ebenfalls rechtzeitig die Seiten und machten ihren Einfluß in Jerusalem weiterhin geltend, vor allem als Verfechter einer hellenisierenden Reform. Nur der bereits erwähnte jüngste Sohn Josephs, Hyrkan, zog sich ptolemäertreu und grollend ins Ostjordanland zurück, baute sich eine Festung, manche vermuten sogar, auch ein Heiligtum, und resignierte erst 175 beim Regierungsantritt Antiochus IV. Epiphanes, indem er den Freitod wählte. Antiochus der Große mußte 190 noch einmal eine fatale Schlappe hinnehmen, bei Magnesia unterlag er den Römern, und im darauffolgenden

Frieden von Apamea verfuhren diese gnadenlos: Nicht nur Kleinasien ging dem Seleukidenreich verloren, auch die Flotte wurde aufgelöst und eine – ungeheuerliche und beispiellose – Entschädigung von 12 000 Talenten (zahlbar innerhalb von 12 Jahren) gefordert. Zugleich wuchs im Osten immer deutlicher das Partherreich als drohende neue Macht heran. Die römische Karte war von nun an im Kräftespiel des Vorderen Orients Trumpf. Was Wunder, daß man sich auch in Juda Gedanken machte, eventuell durch ptolemäische bzw. ägyptisch-jüdische Anregungen stimuliert, und ebenfalls Kontakte zu Rom suchte, nachdem man sich auch um Beziehungen zu Sparta bemüht hatte.

Unter Seleukos IV. (187–175) war der Finanzbedarf des Hofes allein schon wegen der hohen Reparationen an Rom enorm, und man suchte verständlicherweise alle Geldquellen auszuschöpfen. Konfiskation von Tempelschätzen und Postenvergabe für Zahlungen waren in solchen Fällen probate Mittel, und gerade diese Geldnachfrage bot den Anstoß zu einer Affäre, die in Jerusalem/Judäa eine lawinenartig anschwellende Entwicklung in Gang setzen sollte. Der Tempelvorsteher Simon, der zum amtierenden Hohepriester in einem gespannten Verhältnis stand, machte den königlichen Hofbeamten Heliodor auf die im Jerusalemer Tempel deponierten Schätze und Werte aufmerksam, aber der Hohepriester Onias III. vermochte die Beschlagnahmung zu vereiteln. Freilich zog er sich die königliche Ungnade zu und wurde nach Antiochien zitiert (II Makk 3 f.). Der mit Mühe abgewehrte Eingriff in Jerusalems Tempel dürfte die konservativen Kreise maßlos verbittert haben, um so mehr, sofern man vom Herrschaftswechsel mehr als nur eine politische Wende erwartet haben sollte, nämlich einen heilsgeschichtlichen Wendepunkt. Nun waren die Oniaden wieder auf die Ptolemäer zurückverwiesen (noch war Rom nicht bereit, unmittelbar in dieser Region einzugreifen), und in Ägypten herrschte ab 181 ja der bereits erwähnte judenfreundliche Ptolemaios VI., was in Juda gewiß Aufmerksamkeit gefunden hat. Die Beziehung des Tempelvorstehers Simon zu Heliodor und das Verhalten des Hohepriesters Onias III. sind wahrscheinlich auch im Licht dieser politischen Orientierungskrise zu deuten, und so sah es auch der jüdische Historiker Josephus (bell I, 31 ff.; ant XII, 239 ff.) aufgrund vorliegender Berichte.

Der Tod Seleukos IV. ließ für kurze Zeit wieder Thronfolgeprobleme aufkommen. Die proptolemäische Partei witterte Morgenluft, doch vergeblich, nach kurzer Übergangszeit saß ein energischer Herrscher fest im Sattel, Antiochus IV. Epiphanes. Verzweifelt beging der proptolemäische Tobiade Hyrkan auf seinem ostjordanischen Herrensitz Selbstmord. Die proseleukidische Mehrheit der Tobiadenfamilie aber begann nun für eine Lockerung der traditionellen Ordnung zu ringen, damit sich Judäa – im Rahmen des jüdisch Möglichen – der hellenisierten Region integrieren könne.

3.2. Antiochus IV. Epiphanes

Antiochus IV. Epiphanes (175–164) ist in das traditionelle jüdische Geschichtsbild als Erzbösewicht eingegangen. Die politischen Anlässe allein rechtfertigen dieses Urteil freilich nicht, es war vielmehr der unmittelbare Zusammenhang mit innerjüdischen Auseinandersetzungen, der den Ereignissen solche Brisanz verlieh, und wieder einmal gingen die Fronten mitten durch die hohepriesterliche Familie. Nach II Makk 4, 7 ff. bot sich ca. 174 dem König die Möglichkeit, das Hohepriesteramt für eine größere Summe an Jeschua/Jason, den Bruder des amtierenden Hohepriesters Onias III., zu vergeben, und nach dessen Amtsantritt besuchte der König wahrscheinlich auch Jerusalem. Für Judäa war dies der erste Fall einer derartigen Einflußnahme auf die Führung des Tempelstaates. Doch ging es nicht sosehr um Rivalität zwischen hohepriesterlichen Brüdern als vielmehr um gegensätzliche Auffassungen vom Judentum überhaupt. Hatte um 200 noch eine konservative Richtung die strikte Beachtung der Heiligkeit Jerusalems und seines Tempels durchzusetzen vermocht, so strebte Jason nach einer Öffnung im Sinne hellenistischer Kultur und Lebensart. Die Einrichtung eines Gymnasions unmittelbar am Tempelberg (II Makk 4, 18 ff.) besagt eigentlich alles, sie wurde allem Anschein nach von einem nicht unerheblichen Teil der Bevölkerung und auch der Priesterschaft durchaus begrüßt. Es handelte sich im Kern um Kreise, die in Analogie zu anderen Städten der Region sich als hellenistische Bürgerschaft („Antiochener") organisierten, die nach dem Muster der Polisbürgerschaften in einer besonderen Beziehung zum Herrscher stand, weshalb dieser derartige Bestrebungen natürlich positiv beurteilte, war er doch ohnedies bemüht, dem wenig homogenen und stets bedrohten Reich durch eine Stärkung des hellenistischen Faktors ein einigendes Band zu geben.

Inwiefern mehr das schlechte Beispiel Jasons oder eine kulturpolitische Radikalisierung für den nächsten dramatischen Schritt ausschlaggebend war, muß dahingestellt bleiben. Jedenfalls bot Ende 172 Menelaos, der Bruder des bereits erwähnten Tempelvorstehers Simon, dem König eine erhebliche Steigerung der Steuersumme für die Hohepriesterwürde, und in der Tat ging der geldhungrige König auf den Handel ein. Jason wurde 171 durch Menelaos abgelöst, und damit ging das hohe Amt zum ersten Mal von der herkömmlichen Erbfolge abweichend von den Oniaden auf eine andere Priesterfamilie (nach II Makk 4, 23 sogar eine nichtpriesterliche) über, für traditionsgebundene Kreise gewiß ein einschneidendes Ereignis. Da die spätere jüdische Geschichtsschreibung die Vorgänge vor allem in der Sicht der Traditionalisten wertete, erscheinen in den meisten Quellen die „Hellenisten" als frevlerische und abtrünnige Charaktere. Man darf annehmen, daß ihr eigentliches Anliegen im wesentlichen die schon früher immer wieder bemerkbare Tendenz zur Integration in den größeren kulturellen und wirtschaftlichen Zusammenhang war, daß man aber durchaus nicht daran dachte, das Judentum überhaupt preiszugeben. Weihegaben, die man z. B. zu Spielen nach auswärts sandte, waren mit der Bedingung verbunden, nicht zu heidnisch-kultischen Zwecken verwendet zu werden. Die Empörung der Konservativen erhielt aber neue

Nahrung, als der abgesetzte und im Exil lebende Hohepriester Onias III. ermordet wurde (II Makk 4, 30 ff.), wofür man Menelaos für verantwortlich hielt. Obendrein versuchte Lysimachos, ein Bruder des usurpatorischen Hohepriesters, sich eines Teils des Tempelschatzes zu bemächtigen, wurde aber von einer aufgebrachten Menge gelyncht (II Makk 4, 39 ff.). Die Gerusie, das Notablengremium, wandte sich an den König, um gegen Menelaos Klage zu erheben, doch die Gesandtschaft wurde in Tyrus gefangengesetzt und hingerichtet, und zwar auf Betreiben des Hohepriesters (II Makk 4, 44 ff.).

Antiochus IV. hatte zu der Zeit große Pläne, er dachte an nicht mehr und nicht weniger als an die Eroberung Ägyptens und die Vereinigung beider Reiche. Der Geldbedarf war angesichts solcher Pläne gewiß noch gestiegen, und so konfiszierte er 169 bei der Rückkehr vom ersten Feldzug in Jerusalem den Tempelschatz, soweit Menelaos diesen nicht ohnedies schon verschleudert hatte. Die Erbitterung wuchs zu der Zeit nicht nur in den traditionalistischen Kreisen, auch die gemäßigten Hellenisten wollten Menelaos nicht mehr länger gewähren lassen, und mit Hilfe der Tobiadenfamilie gelang es dem abgesetzten Hohepriester Jason, in Jerusalem wieder Fuß zu fassen, und Menelaos mußte sich in den Schutz der seleukidischen Garnison flüchten. Fraglos mußte dieser Umsturz in den Augen des Königs als Rebellion eingeschätzt werden, war mit Menelaos doch ein durch ihn selbst eingesetzter Amtsträger betroffen. In der Optik der Gegenseite freilich nahm es sich ganz anders aus, für sie ging es nicht nur um politische Positionen, sondern vor allem um die Geltung der traditionellen Ordnung, die man auf göttliche Offenbarung zurückführte, auf die Tora, deren Vollzug wiederum als unverzichtbares Mittel zur Erreichung des heilsgeschichtlichen Zieles galt. So wurde aus einer internen Auseinandersetzung und einer durchaus nicht ungewöhnlichen Reaktion des Königs ein Glaubenskrieg, der schließlich auch dem König deutlich machte, daß die eigentliche Quelle des Widerstandes in der Tora-Treue lag. Durch das demütigende Ultimatum Roms 168 zum Rückzug aus dem bereits unterworfenen

Ägypten gezwungen, konnte der König die Rebellion in dieser Grenzregion nicht hinnehmen und eroberte Jerusalem mit harter Hand (II Makk 5, 11 ff.). Zur Absicherung der Provinz wurden in Samaria und Judäa zusätzliche Truppen stationiert und in Jerusalem wurde an den Tempelbezirk angrenzend eine Stadtfestung mit der den Tempelplatz beherrschenden (aber nicht sicher lokalisierbaren) Akra eingerichtet.

Die im autonomen Judäa bisher erhobene Globalsteuer wurde durch hohe Einzelsteuern ersetzt, deren Eintreibung allerdings bald auf Hindernisse stieß, weil die Landbevölkerung sich in unwegsame Gebiete zurückzog und dort eine Widerstandshaltung entwickelte, die zukunftsbestimmend werden sollte. In Jerusalem selbst spielten nun Bewohner und Besatzung der neuen Stadtfestung mit der Akra eine besonders bestimmende Rolle. Sie opferten im Tempel „unreine" Tiere und entweihten damit für alle einigermaßen traditionsbewußten Juden das Heiligtum (Dan 11, 31), und gegen Ende 167 begann ein königlicher Beauftragter, Athenaios, mit gezielten Maßnahmen zur Aushöhlung der toramotivierten Abwehrhaltung. Der Tempel selbst wurde in synkretistischer Manier dem Zeus Olympios geweiht, offenkundig im Stil der üblichen Götteridentifizierungen, und auf dem Westhügel der Stadt wurden Anstalten für den Bau eines großen heidnischen Tempels getroffen. Nun empörten sich auch die gemäßigten hellenisierenden Priester, und im Dezember 167 wurde der jüdische Opferkult eingestellt. Von Samaria abgesehen wurden die Juden im Umkreis Judäas durch einen Opfertest auf ihre Gesinnung überprüft. Die Verweigerung des Opfers für Götter galt – mit Recht – als deutliches Zeichen bewußten Widerstandes gegen den verordneten synkretistischen Kult. Nur begriffen die seleukidischen Beamten nicht, daß damit den meisten Juden keine Wahl mehr geblieben war als die zwischen Martyrium und aktiver Gegenwehr.

Noch deutlicher als die Makkabäerbücher, die das Geschehen bereits aus einem gewissen Abstand beschreiben, vermittelt das Buch Daniel einen Eindruck von den Empfindungen und Vorstellungen, die unter der Mehrheit der Juden wirksam waren.

Ein beträchtlicher Teil war überzeugt, in der Endphase der Geschichte, unmittelbar vor der endgültigen Wende zur Heilszeit zu leben, weil die empörenden Vorkommnisse unüberbietbar schienen. Unter dieser Voraussetzung gab es für die meisten keinen Anlaß zu kalkuliertem Risiko, als liefe die Weltgeschichte eventuell weiter, und daher entfaltete sich auch eine Widerstandskraft, die der König schwerlich hatte vorausahnen können. Den Kern des Widerstandes bildeten wohl die – leider nur durch vage Angaben bezeugten – Hasidäer bzw. (hebräisch) Chasidim, unter denen endzeitliche Hoffnungen besonders im Schwang gewesen sein dürften, möglicherweise Hauptträger der apokalyptischen Literatur, die von nun an die Stimmung zum Ausdruck brachte und auch wieder neu anheizte, immer wieder nach dem Lauf der Ereignisse aktualisiert. Abgesehen von solchen Kreisen, die nichts weniger als den Einbruch der Gottesherrschaft erhofften und daher an Themen der Realpolitik und des Alltagslebens nur mehr ein relativiertes Interesse hatten, gab es jenen Teil der Priesterschaft, der durch die „Reform" in Jerusalem aus den angestammten Positionen verdrängt worden war, allem voran die Oniaden. Ein Teil dieser Priester hat offensichtlich zu dieser Zeit die Beurteilung der Gegenwart als letzte Bedrängnis vor der heilsgeschichtlichen Vollendung geteilt und in die Apokalyptik eine Fülle von priesterlichem Traditions- und Bildungsgut eingebracht. Andere betrachteten hingegen die Vorgänge nach wie vor unter „normalen" Gesichtspunkten, suchten daher nach politisch-militärischen Auswegen. Und diese konnten immer wieder auf Verständnis bei jenen Frommen rechnen, die zwar auch das Ende der Tage herbeisehnten, aber in bezug auf den Termin nicht alles auf eine Karte setzen wollten, demnach gehalten waren, auch für die Zeit bis dahin Vorkehrungen zu treffen. Alle, einschließlich gemäßigter hellenisierender Gruppen, waren sich jedoch darin einig, daß die volle Geltung der Tora wiedererlangt werden müsse – und zwar um jeden Preis.

Die Anfänge der Aufstandsbewegung lagen wohl in der erwähnten Steuerflucht-Welle, und wie üblich handelte es sich wahrscheinlich auch hier vorerst um eher räuberische Akte und gelegentliche Überfälle als um organisierten Widerstand. Die spätere jüdische Geschichtsschreibung hat diese Anfänge verklärt, und nach der im I Makk 2, 19 ff. berichteten Erzählung begann der Aufstand mit einem imposanten Bekenntnis- und Gewaltakt eines Priesters Mattathias in Modein, der die seleukidischen Beamten, die den Opfertest durchführten, samt den opferwilligen Juden umgebracht und danach die Widerstandswilligen um sich geschart haben soll. Die Söhne dieses Mattathias waren dann die Helden des Widerstandes, deren Erfolge den älteren Söhnen der Familie (der Hasmonäer) den Beinamen „Makkabäer" eingebracht haben. Der Älteste, Judas, organisierte die verstreuten Gruppen und begann, gegen seleukidische Kräfte wie gegen konzessionsbereite oder gar abtrünnige Juden mit Gewaltaktionen vorzugehen. Die Art dieser Überfälle entsprach nicht der konventionellen Kampfweise, und kleinere militärische Einheiten standen ihnen in unübersichtlichem Gelände oft hilflos gegenüber. So war das Umland Jerusalems bald unter aufständischer Kontrolle und die seleukidische Stadtfestung in Jerusalem war auf Hilfe von außen angewiesen. Die seleukidischen Militärs unterschätzten den Impetus der Rebellion und erlitten infolge ungenügender Truppenstärken einige bemerkenswerte Niederlagen. Der zuständige Strategos Apollonius fiel sogar in einer Schlacht, und auch Seron, Strategos von Koilesyrien insgesamt, erlitt bei Bet Horon eine Schlappe. An rasche Truppenverstärkung war indes nicht zu denken, denn im Osten des Reiches drohte schlimmere Gefahr, die Parther rückten vor, und der König richtete seine Aufmerksamkeit auf diese Front. Lysias, der die Region westlich des Euphrat verwaltete, entsandte gegen Judäa ein Heer unter Ptolemaios, Nikanor und Gorgias, doch drangen sie nicht ins Bergland durch. Lysias selbst umging darauf die gefährlichen Zuwege und rückte vom Süden her vor, bei Bet Zur blockierte ihm aber Judas Makkabäus den Weg. Lysias wagte keine riskante militärische Entscheidung mehr, vielleicht auch, weil er die Ursachen des erbitterten Widerstandes begriff. Jedenfalls bot er einen Kompromiß an und widerrief zunächst alle religionsverfolgerischen Maßnahmen, und den Aufständischen wurde eine Frist gesetzt, innerhalb derer sie in den Genuß einer Amnestie kommen konnten (II Makk 11, 17 ff.). Bald darauf traf die Nachricht vom Tode des Königs ein. Antiochus V. Eupator griff den Befriedungsversuch des Lysias auf und bestätigte ihn.

3.4. Vom Glaubenskampf zur makkabäischen Machtpolitik

Das Angebot des Lysias enthielt keine Restitution der Verhältnisse vor der „hellenistischen Reform", sondern die Wiederherstellung der Reformzustände, eine Absetzung des Menelaos war nicht versprochen worden, schon gar nicht eine Wiedereinsetzung der Oniaden. Bedenkt man die religiösen Ursachen des Konfliktes, so wird begreiflich, daß die Aufständischen, durch ihre Erfolge ermutigt, es mit ihrer Antwort nicht eilig hatten. Judas Makkabäus nützte die Chance und besetzte Jerusalems Tempel, der rituell gereinigt und neu geweiht im Dezember 164 wieder den Opferdienst aufnahm, ein Ereignis, an welches das Chanukka-Fest erinnert. Aber noch andere, neue Gesichtspunkte tauchten auf. Die jüdische Revolte hatte die Grenzen Judas teilweise überschritten, und so kam es in manchen Gegenden zu Konfrontationen zwischen jüdischen und nichtjüdischen Bewohnern. Mit dem Vorrücken seleukidischer Truppen änderte sich in solchen Randgebieten des jüdischen Siedlungsraums die Lage der Juden zu ihren Ungunsten, auch wenn man sich in Judäa die Invasoren vom Halse halten konnte. Die Hasmonäerfamilie machte die Sache der zerstreuten und bedrohten Juden zur eigenen. In Galiläa brachte Simon Makkabäus bedrohte jüdische Minderheiten in Sicherheit, im Süden gegen die Edomiter, und im Ostjordanland ergaben sich ähnliche Anlässe zu Feldzügen.

Es hagelte jedoch nicht nur Siege, in offener Feldschlacht waren Söldnerheere immer noch erfahrener als die Judäer, und so siegte z. B. der Strategos von Jamnia (Gorgias) in einer Schlacht.

Bald hatte sich übrigens gezeigt, daß Sachzwänge gewisse religiöse Prinzipien in Frage stellten. So hatte schon Ptolemaios I. im Jahre 312 Jerusalem dank der Sabbatruhe einnehmen können, und nun waren auch Fromme, vor allem wohl jene, die an den nahen Anbruch der Heilszeit glaubten, geneigt, vor allem anderen die Tora zu befolgen, den offenbarten Gotteswillen zu erfüllen. Als aber die seleukidische Kriegführung die fehlende Kampfbereitschaft der Juden am Sabbat geschickt zu nützen verstand, mußte eine Entscheidung gefällt werden. Ein Beschluß wurde gefaßt, der die Verteidigung am Sabbat erlaubte (offensive Operationen jedoch ausschloß). Der Entschluß (I Makk 2, 27 ff.; Josephus ant XII, 272 ff.) markiert die bald unvermeidliche Anpassung der utopischen religiösen Forderungen an die Realitäten. Dieser Weg wurde in einer gewissen Gesetzmäßigkeit weiter beschritten. Die Expeditionen in die benachbarten Provinzen zur Evakuierung bedrohter Juden zeigten an, daß in Zukunft weiträumiger gedacht und gehandelt werden mußte, aus dem Glaubenskampf wurde allmählich planvolle Machtpolitik, gefördert durch tatsächliche oder vermeintliche Chancen im Verlauf innerseleukidischer Verwicklungen. Antiochus V. hatte nicht die Möglichkeit, sich ernsthaft um Judäa zu kümmern. Kaum hatte er sich gegen seinen dynastischen Gegenspieler durchgesetzt, erschien ein neuer Konkurrent auf dem Plan, Demetrius I. Soter (162–150), und dieser blieb nun für 12 Jahre Herrscher, auch von Rom anerkannt, das ihn bis zu seiner Flucht als Geisel gehalten hatte. Die Klärung der Thronfolge zog selbstverständlich die Erledigung des judäischen Problems nach sich, denn immer noch war der königlich eingesetzte Hohepriester Menelaos an der Ausübung seines Amtes gehindert. Wer an seiner Stelle amtierte, ist unbekannt, die faktische Kontrolle über Judäa übte jedenfalls Judas Makkabäus aus. Die Hellenisierenden wandten sich, soweit sie die makkabäischen Verfolgungen überstanden hatten, an den neuen König, für den die Rechtslage unzweifelhaft war. Die königliche Autorität mußte wiederhergestellt werden. Menelaos war freilich so kompromittiert, daß die hellenistische Partei nun Alkimos zu ihrem neuen Repräsentanten erkor, und dieser wurde durch Demetrius 162 auch tatsächlich als Hohepriester anerkannt, sein Amtsantritt sollte durch eine Heereseinheit unter einem gewissen Bacchides gesichert werden. Da dieser Alkimos der priesterlichen Elite-Sippe der Zadokiden angehörte, war die Ernennung ein kluger Schachzug, eine formelle Wiederherstellung des vorreformerischen Status. In der Tat erlahmte bei manchen konservativ Gesonnenen die Bereitschaft zu weiteren Kämpfen, und nach I Makk 7, 13 waren es gerade die Hasidäer, die sich zufriedengaben. Die Makkabäer freilich dachten nicht daran, das Erreichte preiszugeben. Da Alkimos seine Autorität in brutaler Weise mit seleukidischen Truppen durchzusetzen begann und Kritiker aus den hasidäischen Kreisen umbringen ließ, was wohl anzeigt, daß diese ihn nicht bedingungslos akzeptiert hatten, erschien die makkabäische Haltung gerechtfertigt. Bacchides meinte zwar, die Lage unter Kontrolle gebracht zu haben und verließ Judäa, aber der Kampf ging weiter und eskalierte, Alkimos geriet in Bedrängnis und erbat sich syrische Verstärkung. Nun erschien unter Nikanor eine größere Armee im Lande, besetzte Jerusalem, aber früh im März 161 (oder 160) mußte er bei Bet Horon erfahren, daß die Makkabäer inzwischen das Kriegshandwerk gut gelernt hatten. Die syrische Niederlage war vollständig, Nikanor selbst tot; der „Nikanortag" steht seither im jüdischen Kalender. Unklar ist das Schicksal des Alkimos. Nach Josephus (ant XII, 414. 434) starb er zu der Zeit, und Judas Makkabäus folgte ihm im Amt. Nach I Makk 9, 54 ff. lebte er aber noch einige Zeit. Josephus selbst gibt in ant XX, 237 an, daß das Hohepriesteramt nach Alkimos' Tod 7 Jahre vakant blieb. Zugleich lebte aber noch ein Oniade als Prätendent im Sinne der alten Legitimität. Vielleicht strebte Judas nach dem Amt, ohne ausreichende Unterstützung bzw. Anerkennung zu finden, denn die Hasmonäerfamilie gehörte nicht zu dem engeren Kreis vornehmer Priesterfamilien, die die erbliche Führungsrolle beanspruchen konnten. Diese Zadokiden wandten sich in der Folgezeit zum Teil auch jenen Gruppen zu, die aus Erbitterung über die Umwandlung der Glaubenskämpfe in eine makkabäische Familienpolitik und somit – in ihrer Sicht – in ein Abgleiten aus der Verwirklichung der Gottesherrschaft in ein weltliches dynastisches Regiment zu einer neuen inneren Opposition heranwuchsen. Immerhin ist in dem Zusammenhang zu beachten, daß Onias IV. um 160 den Tempel von Leontopolis einzurichten begann, sich also im Exil festzusetzen genötigt sah. Judas Makkabäus taktierte indessen bereits auf längere Sicht. Die möglicherweise bereits im frühen 2. Jh. erstmals geknüpften Beziehungen zu Rom und Sparta wurden aktualisiert. Als Gesandter diente auch ein gewisser Eupolemos, möglicherweise identisch mit dem jüdisch-hellenistischen Historiker gleichen Namens, von dessen Werk Bruchstücke überliefert sind und eine an alexandrinischen Standard heranreichende hellenistische Bildung verraten. Man darf also vermuten, daß der bereits wiederholt erwähnte Einfluß ägyptisch-jüdischer Rom-Orientierung und der judenfreundliche Hintergrund des ägyptischen Königs Ptolemaios VI. für die Makkabäer richtungweisend geworden ist. Der römische Senat gewährte einen Bündnisvertrag, freilich nicht einen zwischen gleichberechtigten Partnern, aber im Augenblick war das Ergebnis zumindest ein enormer Prestigegewinn für die Makkabäer. Konkrete militärische Zusagen waren nicht zu erreichen gewesen, Rom wollte offensichtlich freie Hand behalten. Gerade der militärische Aspekt war aber wieder akut geworden, denn Demetrius war nicht gesonnen, die Niederlage und damit einen Abfall der Provinz Judäa hinzunehmen. Eine neue und stärkere Heeresabteilung unter Bacchides erreichte im Spätsommer 161 oder 160 Judäa und errang einen durchschlagenden Sieg. Judas Makkabäus fiel in dieser Schlacht bei Eleasa. Rom intervenierte nicht, der Seleukidenkönig hatte das vorderorientalische Machtgefüge wieder stabilisert, und damit hatten die Makkabäer keine Chance, daraus mit Gewalt auszubrechen. Die proseleukidische Reformpartei schaltete und waltete wieder in Jerusalem, von der späteren traditionellen Geschichtsschreibung als gottlos und verbrecherisch abqualifiziert.

Dabei spielte wieder die unterschiedliche Auffassung von der Heiligkeit des Tempelbezirks eine gewisse Rolle. Alkimos ließ im Bereich der Tempelhöfe eine Trennmauer entfernen, möglicherweise, um den Zutritt zum Priesterhof zu erleichtern oder gar um Nichtjuden den Zutritt zum Äußeren Hof zu verschaffen. Die Abgrenzung der einzelnen Heiligkeitsbereiche scheint schon lange umstritten gewesen zu sein, der Tempelplan in Ez 40 ff. und die Tempelrolle aus Qumran repräsentieren eine extrem priesterliche Tendenz zu deutlicher, nämlich architektonischer Abgrenzung, während die „Hellenisten" unter Alkimos umgekehrt handelten.

Bacchides „pazifizierte" inzwischen Judäa, sorgte für ausreichend befestigte Garnisonen in allen strategisch bedeutenden Orten und jagte die Reste der makkabäischen Kräfte, die unter Jonatan Makkabäus nur mehr zu kleineren Überfällen im Süden fähig waren und froh sein mußten, sich über den Jordan zu den Nabatäern retten zu können. Von dort aus baute Jonatan seine Positionen neu auf und gewann nach und nach mit gezielten kleineren Aktionen wieder die Kontrolle über weite Bereiche außerhalb der befestigten seleukidischen Stützpunkte.

3.5. Das Hohepriestertum der Makkabäer

Wieder führten ein Thronfolgestreit und eine Vakanz im hohepriesterlichen Amt zu neuen politischen Konstellationen. Alexander I. Balas, angeblich ein Sohn Antiochus IV. Epiphanes, erhob gegenüber Demetrius I. Anspruch auf den Seleukidenthron, und beide waren auf Unterstützung angewiesen. Demetrius suchte daher sich mit Jonatan zu arrangieren, so daß dieser in den Besitz Jerusalems gelangte, und Alexander Balas ging noch einen Schritt weiter und ernannte Jonatan gleich zum Hohepriester. Das Jahr 152 war somit ein bemerkenswerter Wendepunkt in außen- wie innenpolitischer Hinsicht. Jonatan hielt fortan zu Alexander Balas und traf damit die richtige Wahl, 150 wurde er in Ptolemais/Akko feierlich in seiner neuen Würde bestätigt, zudem ausdrücklich auch als seleukidischer Statthalter. Der Makkabäer opferte das bisherige Ziel („Abwerfen des syrischen Jochs") der persönlichen Ambition. Als seleukidischer Heerführer siegte Jonatan bei Jamnia 147 gegen ein Heer des Demetrius II. (Sohn des Demetrius I.), der Alexander Balas den Thron streitig machte, er gewann königliche Zuwendungen und Ländereien, aber als Ptolemaios VI. 145 Syrien wieder zu erobern trachtete, schloß er sich diesem an. Beide königlichen Rivalen erlitten den Tod, und Demetrius II. Nikator (145–139/8) erreichte sein Ziel, für Jonatan eine prekäre Situation. Aber wieder war er als Paladin gefragt: Demetrius bestätigte ihn in seinen Ämtern und realisierte die seinerzeitigen Zusagen seines Vaters (I Makk 10, 29 f.), gewährte also erhebliche Steuernachlässe und überließ beträchtliche nichtjudäische Gebiete Jonatan zur Verwaltung, wenigstens für den Augenblick. Der Glaubenskampf von einst, inzwischen zum ehrgeizigen Ringen einer Familie geworden, wandelte sich nun zum expansiv-offensiven und fast schon dynastisch planenden Machtstreben.

Innenpolitisch dürfte Jonatans Arrangement mit der feindlichen „Weltmacht" einen Schock ausgelöst haben, jedenfalls in zwei Lagern: Bei den Zadokiden, die nunmehr ihr angestammtes Gewohnheitsrecht auf die Hohepriesterwürde neuerlich mit Füßen getreten sahen, und in jenen Kreisen, die den Kampf gegen die Syrer als eine letzte Bewährungsprobe vor dem endgültigen Durchbruch der Gottesherrschaft eingeschätzt hatten. Und dazu mußten es noch die proseleukidischen hellenistischen Reformer hinnehmen, daß der König, zu dem sie als „Antiochener" doch in einem besonderen Verhältnis standen, sie fallen ließ und ihren schlimmsten Feind protegierte. Möglicherweise trifft es zu, daß zadokidisch geführte, aber mit akuten endzeitlichen Erwartungen erfüllte Gruppen zu der Zeit unter dem „Lehrer der Gerechtigkeit" jene Gemeinschaft gründete, die sich im heutigen Chirbet Qumran am Toten Meer niederließ, Jerusalems Tempel als rituell verunreinigt betrachtete, Jonatan als „Frevelpriester" bezeichnete und in den Rahmen der Bewegung gehört, die später als „Essener" oder „Essäer" bekannt waren. Ruhm und Ehre auf der einen, Enttäuschung und Empörung auf der anderen Seite – Jonatans Selbstbescheidung im Umgang mit den Seleukiden brachte ihm und dem Land Judäa höchstwahrscheinlich dennoch mehr ein als eine Fortsetzung des unerbittlichen Kampfes. So begann in der Makkabäerzeit die expansionistische Phase ausgerechnet im seleukidischen Vasallenstatus. Doch die Expansion war nicht bloß territorialer und militärischer Art, sie war auch eine gezielt religionspolitische. Hatte Judas Makkabäus die bedrängten auswärtigen Juden noch nach Judäa bringen lassen, so suchten Jonatan und seine Nachfolger möglichst viele Gebiete zu annektieren oder wenigstens unter Kontrolle zu bringen, und im Zuge dessen wurden nichtjüdische Bevölkerungsgruppen zielbewußt entfernt und ersetzt. Am glimpflichsten kamen sie davon, wenn sie die Beschneidung auf sich nahmen und jüdisch wurden. Hier liegt eine der Ursachen späterer bitterer Feindschaft zwischen Juden und Nichtjuden in vielen dieser Gebiete. Nicht nur durch die seleukidische Hofintelligenz wurde die makkabäische Erhebung und deren Folgen zu grimmigen Ausfällen gegen das Judentum veranlaßt, auch in der nichtjüdischen Nachbarschaft trat neben die oberflächlich-staunende Bewunderung jüdischer Gottesauffassung immer öfter die Verachtung jüdischer religiöser Praxis und der Vorwurf der Menschenfeindlichkeit. Einmal Literatur geworden, zeitigten derartige Vorwürfe eine Wirkungsgeschichte für sich, für Spätere immer bereit, um aktuelle antijüdische Anliegen zu begründen bzw. zu unterstützen.

Wie umsichtig Jonatan handelte, geht daraus hervor, daß er den unter Judas Makkabäus geschlossenen Vertrag mit Rom erneuern ließ. Für einen Statthalter der Seleukiden ein ungewöhnlicher Schritt, eher für einen Vasallenherrscher passend, der seine Position verstärken und ausbauen möchte.

Als der seleukidische Heerführer Tryphon gegen Demetrius II. den Sohn des Alexander Balas, Antiochus VI., protegierte, und Jonatan noch mehr bot, offenbar auch Peräa im Ostjordanland, wo bisher die Tobiaden ihren Stammsitz hatten, konnte Jonatan nicht widerstehen und wurde einer der maßgeblichen Feldherrn des Thronprätendenten, neben ihm sein Bruder Simon, und der Umfang der makkabäisch beherrschten Gebiete erweiterte sich beträchtlich, von Ägypten bis nach Syrien hinein, die politisch und wirtschaftlich gleichermaßen wichtige Kontrolle der Küste und ihrer Häfen war erreicht.

Die wachsende Macht des Makkabäers wurde ihm aber auch zum Verhängnis, Tryphon sah in ihr eine Gefahr für eigene Ambitionen, setzte Jonatan in einem Hinterhalt in Akko gefangen und wollte Jerusalem besetzen. Simon Makkabäus, der das Küstenland von Tyrus bis zur ägyptischen Grenze als Strategos kommandierte, mußte nun die Führung übernehmen. Tryphon vermochte aus witterungsbedingten Gründen nicht nach Jerusalem vorzudringen und wurde überdies durch den nächsten Thronprätendenten, Antiochus VII. Sidetes (139/8–129), bedrängt. Erbittert über den Mißerfolg ließ er den gefangenen Jonatan hinrichten. Simon Makkabäus trat die Nachfolge als Hohepriester an (142–135) und sicherte sich erneut die Verbindung mit Rom. Er hob die syrischen Garnisonen aus, 141 sogar die Akra in Jerusalem. Die 142 aus taktischen Erwägungen von Demetrius II. dem Simon zugestandene Tributbefreiung bzw. Souveränität war nun praktisch erreicht, mit der Gefangennahme des Demetrius durch die Parther 138 auch nicht mehr gefährdet. Nur Antiochus VII. machte 137 noch einen vergeblichen Versuch zur Unterwerfung. Inzwischen bestätigte eine Volksversammlung 140 Simon in drei Funktionen (I Makk 14, 27 ff.), als Fürst des Volkes (Ethnarch), als Heerführer (Strategos) und als Hohepriester, und diese Würde sollte nun in der Makkabäerfamilie erblich sein. Die dynastische Phase der hasmonäischen Geschichte begann.

III. Das Hasmonäerreich

1. Triumph und Scheitern zugleich

Die offizielle Einführung der dynastischen Erbfolge für die in einer Person vereinte weltliche und priesterliche Spitzenfunktion ergab sich zwar zwangsläufig, mit den eigentlichen Anliegen des ersten Aufstandes war sie jedoch kaum zu vereinbaren. Zwar mögen 141/40 nach der so lange Zeit vergeblich versuchten Eroberung der bedrohlichen Stadtfestung von Jerusalem die Gefühle der Dankbarkeit und Begeisterung für das Geschlecht der Hasmonäer der neuen Ordnung eine überwältigende Mehrheit verschafft haben, im Lauf der Zeit, im Alltag, maß der traditionsbewußte Teil des Volkes doch alles an dem Maßstab der Tora, und dies zum Teil noch dazu in radikalisierter, weil mit Endzeithoffnungen verbundener Weise. Für die Zadokiden und ihren Anhang, die nun endgültig den althergebrachten Anspruch auf die priesterliche Führung verloren hatten, war der Verfassungsbeschluß von 140 gewiß keine Maßnahme im Einklang mit dem, was für sie göttliche Ordnung hieß. Manche vermuten daher, daß Simon oder eventuell sein Nachfolger, Johannes Hyrkan, mit dem „Frevelpriester" der Qumrantexte zu identifizieren ist, die archäologischen Befunde weisen auf die Gründung der Qumran-Anlage in dieser Zeit hin. Aber nicht bloß das Problem der Oniaden bzw. der Zadokiden stand zur Debatte. Zwar hatten Jonatan und Simon im Rahmen ihrer territorialen Zugewinne auch eine offensive Religionspolitik, also eine Judaisierung betrieben, doch ist leicht zu erkennen, daß dabei politisch-strategische Überlegungen mindestens so maßgebend waren wie religiöse Überzeugungen, ganz abgesehen von der für antike Zeiten müßigen Frage, wie die einst unter Antiochus IV. selbst Verfolgten dazu kamen, nun selber anderen ihr Bekenntnis aufzuzwingen. Bemerkenswerter ist – für den weiteren innenpolitischen Verlauf – die ganz selbstverständliche Aufnahme der hellenisierenden Strömung in die hasmonäische Politik. Nicht die Neigung zu griechischer Sprache und Sitte war das entscheidende Kriterium, sondern die proseleukidische Orientierung gab den Ausschlag für negative Beurteilungen. Schon Jonatan entfaltete als seleukidischer Feldherr und Statthalter einen Lebensstil, der von vielen Frommen mit Befremden vermerkt werden mußte, und seine Herrschaftspraktiken und mit Raub und Plünderung verbundenen Feldzüge unterschieden sich schwerlich von dem, was andere seleukidische Truppenführer taten. Für die oppositionelle Qumrangemeinde waren diese Hasmonäer eben „Frevelpriester", die Reichtümer zusammenrafften, unrechtes Gut anhäuften. Die fromme Opposition war nicht geneigt, realpolitische Kompromisse oder dynastische Machtpolitik als Ersatz für die erhoffte Wiederherstellung der gottgewollten Ordnung oder für die endgültige Gottesherrschaft überhaupt einzutauschen, mochten sich die Hasmonäer auch bemühen, die makkabäischen Erfolge als Erfüllung alter Hoffnungen hinzustellen und die Geschichte des Aufstandes im Stil hellenistischer Geschichtsschreibung gemäß der eigenen Optik schildern zu lassen. Zudem war an zwei Tatsachen nicht zu rütteln: Als Hohepriester war die Hasmonäerfamilie herkunftsmäßig etliche Ränge zu tief, aber das war noch zu verkraften. Problematischer war ihre Herrscherwürde in Verbindung mit dem hohepriesterlichen Amt. Man lebte ja im Zeitalter der hellenistischen Herrscherideologie und es wäre seltsam zugegangen, wenn die Hasmonäer nicht dem Herrschaftsstil der Zeit wenigstens teilweise gefolgt wären. Sie waren zudem keine Davididen, und daher kamen sie als Erfüller messianischer Hoffnungen nicht in Betracht. In jedem Fall war die Vereinigung beider Funktionen aus der Tradition nicht zu rechtfertigen, für die Hasmonäer aber schwerlich verzichtbar. Ein Herrscher, der nicht über den Tempel bzw. dessen Schätze und Gelder verfügen konnte, hätte in einem Hohepriester ein ernsthaftes und noch dazu ein religiös autorisiertes Gegengewicht gehabt. Auch später haben Herodes und die Römer diese hohepriesterliche Autorität mit Mißtrauen beobachtet und unter Kontrolle gehalten. Den Hasmonäern blieb, wollten sie an der Macht bleiben, wohl nichts anderes übrig, als das ihnen dank der seleukidischen Ernennung Jonatans zugefallene Amt auf jeden Fall zu halten – auch um den Preis der Entfremdung mit eben jenen Kräften, denen die makkabäische Erhebung einst ihren religiösen Impetus zu verdanken hatte. Die Weichen für erbitterten inneren Meinungsstreit und selbst für Bürgerkriege waren mit dem Triumph der Hasmonäer gestellt. Dies lag in der Zwangsläufigkeit des traditionellen Geschichtsbildes, nach dem eben alles auf eine endgeschichtliche Verwirklichung der Gottesherrschaft abzielt und jede vor-zeitige Verwirklichung als Enttäuschung und Scheitern erscheinen muß, aber nie die Verpflichtung zu neuen Versuchen aufgehoben wird. Denn nicht Gott als Herr der Geschichte konnte für das Scheitern verantwortlich gemacht werden, sondern immer nur die gescheiterte Generation selbst. Dieses Geschichtsbewußtsein regenerierte sich durch Katastrophen mehr als durch ruhige Zeitläufte. So war der hasmonäische Triumph, so paradox es klingt, zugleich das Scheitern der endzeitlichen Hoffnung derselben Generation, die neue Herrschaft somit in Gefahr, als Perversion des Gotteswillens angesehen zu werden. Es lag nur an den geschichtstheologischen Kriterien, die man vertrat und anlegte. Die hasmonäisch initiierte Geschichtsschreibung (Makkabäerbücher) enthält eine völlig andere Wertung als die Qumrantexte. Josephus zeichnete die Makkabäergeschichte durchaus nicht ohne Sympathie, aber auch mit gewissen Vorbehalten. Die talmudisch-rabbinische Überlieferung weist ein zwiespältiges Verhältnis zu den Hasmonäern auf. Die moderne jüdische Geschichtsschreibung, weithin durch nationale bzw. zionistische Gesichtspunkte geleitet, sieht im makkabäischen Kampf und hasmonäischen Triumph eine Glanzzeit der nationalen Vergangenheit. Ohne Zweifel haben die hasmonäischen Erfolge viele antike Juden mit Stolz erfüllt, und bis zu einem gewissen Grad war die ganze Hasmonäergeschichte nichts anderes als ein Teil der vorderorientalischen regionalen Widerstandssymptome gegen die hellenistische und später römische Vorherrschaft. Doch das Judentum war komplexer und nicht mit dem Staat der Hasmonäer identisch, er konnte untergehen, ohne den Bestand des Judentums zu gefährden, obschon seine Anfänge in einem

Kampf um die Existenz des Judentums lagen – wenigstens des Judentums in dem Sinne, wie es infolge der geschichtlichen Kontinuität trotz aller Wandlungen als traditionelles Judentum teilweise bis heute weiterlebt, und dies samt seiner geschichtstheologischen Problematik. Letztere ist infolge der weiteren hasmonäischen Expansions- und Judaisierungspolitik eher noch verschärft worden, weil der Gegensatz zwischen Juden und Nichtjuden nicht zuletzt durch sie immer schärfere Konturen anzunehmen begann. Der Preis dieser machtpolitischen Erfolge sollte rund zwei Jahrhunderte danach noch entrichtet werden müssen. Der Verachtung des „Götzendienstes", dessen Bekämpfung auch in der späteren christlichen Geschichtsschreibung durchwegs als legitimes Anliegen begriffen worden ist (die Makkabäer galten schließlich als christliche Heilige), stand vielfach ein nicht minder profunder Judenhaß gegenüber, und das Judentum blieb, wie mächtig ein jüdischer Staat auch zeitweilig werden mochte, aufs Ganze gesehen doch eine Minderheit, noch dazu eine, deren Diasporaanteil sich in eben jenen Jahrhunderten sprunghaft vermehrte, und dort, in der Diaspora, waren die Probleme des Zusammenlebens mit Nichtjuden nicht mit Machtpolitik zu lösen – wie die Versuche von 115/117 n. Chr. noch in tragischem Ausmaß zeigen sollten.

2. Simon (142–135) und Johannes Hyrkan (135–104)

„Das Joch der Nichtjuden ward von Israel genommen" – dieser Satz im I. Makkabäerbuch stimmt zwar zur Situation um das Jahr 141, aber der Seleukidenkönig, der die Tributbefreiung garantiert hatte, war seiner tatsächlichen Macht nach gar nicht mehr dazu in der Lage gewesen, denn der neue Herrscher, Antiochus VII. Sidetes (138–129), dachte nicht daran, sich tatsächlich mit dem Verlust Palästinas abzufinden. Simon stellte sich auf diese neue Konfrontation ein, befestigte strategisch wichtige Orte, arrondierte sein Gebiet und nahm Umsiedlungen vor. Die erneuerte Vereinbarung mit Rom spiegelt das neue

Machtverhältnis: Rom forderte in seiner Mitteilung über das senatus consultum die Verantwortlichen in einer Reihe von mehr oder minder benachbarten Ländern auf, eventuelle Flüchtlinge aus dem makkabäischen Herrschaftsbereich an Simon auszuliefern (I Makk 15, 16–24). Das Verhältnis dieses Textes zu dem in Josephus ant XIV, 145 ff. (dort dem Johannes Hyrkan zugeordnet), ist zwar umstritten, aber die politische Absicht beider Vertragsteile wird in ihrer Kontinuität und Zuspitzung dennoch deutlich.

Nachdem Antiochus VII. seinen Gegenspieler Tryphon militärisch schachmatt gesetzt hatte, ließ er sich gar nicht erst weiter darauf ein, Hilfstruppen, die ihm Simon sandte, anzunehmen, auch die mitgeschickten Geschenke wies er zurück; er forderte vielmehr die Rückerstattung aller annektierten Gebiete und Städte, auch die der Akra in Jerusalem, also die Wiederherstellung und Anerkennung der seleukidischen Oberhoheit. Es war kein grausames Ultimatum, denn als Alternative schlug der König eine einmalige Abschlagszahlung von tausend Talenten vor. Simon gab dem königlichen Unterhändler die Antwort, nur hundert Talente zahlen zu wollen, kein geschickter Schritt, denn sein Nachfolger Johannes Hyrkan sollte die Rechnung unter ungünstigeren Bedingungen zu begleichen haben. Zunächst freilich sah sich Simon im Vorteil, nachdem der königliche Heerführer Kendebäus im Küstengebiet bei Jamnia eine empfindliche Niederlage hinnehmen mußte, wobei Simons Söhne Judas und Johannes das Kommando führten. Aber einer anderen Gefahr erlag der letzte der Söhne des Mattathias. Sein eigener Strategos von Jericho, Ptolemäus, ermordete ihn und zugleich zwei seiner Söhne bei einem Gelage im Februar 135 (134?) auf der Festung Doq. Nur Johannes Hyrkan blieb am Leben, und er suchte nun das Erbe der Dynastie zu retten. Er vereitelte einen Mordanschlag des Ptolemäus auf seine Person, gelangte vor jenem nach Jerusalem und belagerte ihn schließlich in der Festung Doq bei Jericho, wo freilich seine eigene Mutter als Geisel festgehalten war. Sie wurde schließlich auch getötet und Ptolemäus entrann. Dann meldete Antiochus VII. Sidetes seine

Ansprüche wieder an, fiel mit großer Heeresmacht in Judäa ein und belagerte Johannes Hyrkan in Jerusalem, wo mit der Zeit die Nahrungsmittel knapp wurden. Ein verzweifelter Versuch, durch Vertreibung von Verteidigungsunfähigen die Zahl der Esser zu reduzieren, mißlang kläglich, denn Antiochus VII. ließ keine Flüchtlinge passieren, und so boten sie im Niemandsland ein Bild des Jammers, bis ihnen Johannes Hyrkan wieder die Tore öffnen ließ. Dies war vor dem Laubhüttenfest, für das der König sogar eine Kampfpause zugestand und überdies Opfertiere stellte – er handelte als oberster Souverän, der sich auch für den Staatskult von Jerusalem verantwortlich wußte, die Belagerung hingegen galt dem unbotmäßigen Vasallen. Johannes Hyrkan mußte schließlich klein beigeben und in etwa die seinerzeit Simon gestellten Bedingungen erfüllen. Für die außerjudäischen Gebiete und Städte mußte Tribut entrichtet, ferner eine Summe von fünfhundert Talenten gezahlt und außerdem sollten Geiseln gestellt werden. Von den Kriegsschäden und den zerstörten Befestigungen Jerusalems einmal abgesehen war es zwar ein hoher Preis, aber immerhin blieb – wenn auch für Tribute – die Küste und insbesondere der Hafen von Jaffa unter hasmonäischer Kontrolle, ob dies nun einer römischen Intervention zu verdanken ist, wie aus Josephus ant XIV, 248 ff. geschlossen werden könnte, oder nicht, sei dahingestellt, der Seleukidenkönig brauchte Unterstützung und Waffenhilfe wegen der Parthergefahr, und somit waren gewisse Konzessionen naheliegend. Um die große Summe aufzutreiben, öffnete Johannes Hyrkan die davidischen Königsgräber und entnahm ihnen das nötige Silber, vom Überschuß warb er Söldner an – auch heidnische. 129 fiel Antiochus VII. im Kampf gegen die Parther, Johannes Hyrkan hingegen überstand das parthische Abenteuer gut und wußte die nun andauernden Thronfolgequerelen glänzend zu nützen. Eroberungszüge nach allen Seiten folgten einander, so im Ostjordanland, im Gebiet der Samaritaner im Norden, wo er (107) den Tempel auf dem Garizim zerstörte, im Süden gegen die Edomiter, die er gänzlich unterwarf und zwangsjudaisierte. Diese expansionistische Politik war nur möglich, weil die Seleukidendynastie nun keinen starken, unumstrittenen Herrscher mehr hervorbrachte. In Ägypten hingegen spielten unter den Ptolemäern dieser Zeit jüdische Militärs eine gewisse Rolle, wenn auch zum Teil Oniaden, die schwerlich bereit gewesen sein dürften, die hasmonäische Hohepriesterwürde ohne weiteres anzuerkennen. Die Frage, ob fürstliche und hohepriesterliche Gewalt nicht getrennt werden sollten, ist also vielleicht auch unter einem weiterreichenden machtpolitischen Konzept erneut zur Diskussion gestellt worden. In Judäa waren es die nun als religionspolitische Richtung bezeugten Pharisäer, die den Fürsten zur Preisgabe der hohepriesterlichen Würde bewegen wollten, während in Qumran am Toten Meer sich eine Gruppe einrichtete, die vollends in Opposition stand und den Jerusalemer Tempel gar für entweiht hielt. Hier waren zadokidisch geführte und zugleich endzeitlich ausgerichtete Leute am Werk. Wieso der Fürst dem Begehren nicht nachgeben konnte, wurde bereits erläutert, aber er konnte auch nicht gegen die gesamte Priesterschaft regieren. So dürfte dem angeblichen Übergang Johannes Hyrkans von der pharisäischen zur sogenannten sadduzäischen Richtung auch die Überlegung zugrunde gelegen haben, durch eine Spaltung der höheren Priesterschaft die eigene Position zu festigen.

In der Tat erwies sich, daß Antiochus IX. Kyzikenos (115–95) sogar auf ptolemäische Hilfe rechnen konnte. Als Johannes Hyrkan die Samaritaner endgültig unterjochen wollte und Samaria selbst belagern ließ, riefen die Überfallenen den Seleukidenkönig zu Hilfe. Weder seine eigenen Truppen noch das ptolemäische Hilfskorps errangen aber auf längere Sicht einen Erfolg, und so wurde Samaria schließlich erobert und in grausamer Weise verwüstet.

Johannes Hyrkan war wahrscheinlich der erste Hasmonäerfürst, der eigene Münzen schlagen ließ. Die Münzaufschrift läßt erkennen, daß er vor allem die hohepriesterliche Würde hervorkehrte, was auch ein Schlaglicht auf die oben erwähnte Streitfrage wirft, und daß neben ihm noch ein *Cheber ha-Jehudim*, ein Notablengremium, das Volk repräsentierte, offenbar die makkabäisch reformierte Nachfolgeinstitution der alten Gerusie, Vorläufer des späteren Synhedrions. Auch die Fassung eines Briefes, der wahrscheinlich 124 an die ägyptischen Juden gerichtet wurde und zu Anfang des II. Makkabäerbuches erhalten ist, weist in dieselbe Richtung. Eine Preisgabe der Hohepriesterwürde wäre unter solchen Umständen einer weitgehenden Selbstentmachtung gleichgekommen. Ein solcher Schritt lag aber bestimmt nicht im Geist der Zeit, in der hellenistische Herrscher als Tyrannen regierten. Bald sollte auch in Judäa dieser Herrschaftsstil aktuell und somit die Spannung zwischen traditionellen religiösen Normen und politischer Wirklichkeit noch offenkundiger werden. Zunächst freilich meinte Johannes Hyrkan, wenigstens im Blick auf seine Nachfolge die Ämtertrennung konzedieren zu sollen: Seine Frau sah er als Regentin, seinen erstgeborenen Sohn Aristobul/Jehuda als Hohepriester vor – wodurch die priesterliche Führung in der Dynastie verblieben wäre.

3. Die Königsherrschaft

Wie wenig die Ämtertrennung nach dem Geschmack der jungen Hasmonäergeneration war, zeigte sich sofort nach dem Tod des alten Fürsten 104 v. Chr. Der für das Hohepriesteramt vorgesehene Aristobul ließ sofort seine Mutter festsetzen und im Kerker kläglich verhungern, riß die weltliche Führung mit an sich und nahm sicherheitshalber bis auf Antigonus alle seine Brüder in Gewahrsam. Antigonus ging aber in eine Falle, die eifersüchtige Höflinge gestellt hatten, und wurde ermordet. Aristobul begann sich (laut Josephus) „König“ (basileus) zu nennen, favorisierte hellenistische Kultur und Lebensart, gleichzeitig führte er die harte Judaisierungspolitik seines Vaters energisch weiter, insbesondere im Norden, annektierte einen Teil von Ituräa und zwang der Bevölkerung das Judentum auf, wodurch das spätere Galiläa in den dichteren jüdischen Siedlungsbereich rückte. Nach nur etwa einem Jahr voller energischer Maßnahmen erkrankte er und starb unter Qualen. Der zweite Sohn

Johannes Hyrkans, Alexander Jannaj, vereinigte wieder Hohepriesteramt und Fürstenwürde in einer Person. Aristobuls Witwe, Salome Alexandra, ließ die eingekerkerten Brüder frei. Die Witwe (oder gab es eine Gleichnamige?) selber heiratete den neuen Herrscher. Eine unruhige Regierungszeit begann. Alexander Jannaj (104–76), hebräisch Jehonatan, war ein begabter, aber auch skrupelloser Tyrann, unternehmungslustig und waghalsig, daher oft auf Kriegszügen, aber auch im Innern mit vielen Feinden konfrontiert, seine Macht gründete auf Söldner. Zunächst geriet er nach Erfolgen an der Küste wegen seiner Belagerung Akkos/Ptolemais mit Ptolemaios IX. ins Gehege, wobei er die in Ägypten offene Nachfolgefrage auszunützen und trotz Friedensverhandlungen mit Ptolemaios IX. dessen Mutter und Konkurrentin Kleopatra III. auf seine Seite zu ziehen trachtete. Die Folge war, daß der Ptolemäerkönig sich rächte und fast das ganze Land besetzte. Bei Asophon am Jordan stellte sich Alexander zur Schlacht und unterlag. Kleopatras Truppen störten zwar ihren Sohn bei weiteren Maßnahmen, doch ging der Krieg eben doch zu Lasten des Landes und seiner Bewohner. Ein jüdischer Heerführer überredete Kleopatra, Palästina nicht erobern zu wollen, sondern Alexander Jannaj zu stützen, und so erhielt er sein Land früher zurück als er erwarten konnte, denn Ptolemaios IX. mußte sich nach Zypern zurückziehen und Kleopatra verließ daraufhin ebenfalls Palästina.

Nun begann eine neue Phase hasmonäischer Expansions- und Judaisierungspolitik. Im Ostjordanland wurde Gadara und am Jordan die Festung Amathus genommen, womit die nordöstliche Region gesichert war. Im Südwesten fiel nach Besetzung der kleineren philistäischen Städte Gaza nach langer Belagerung (46 v. Chr.), und damit war das Gebiet bis zur ägyptischen Grenze unter Jannajs Kontrolle. Im Südosten und Osten saßen die Nabatäer, die auf die Verbindung zur Küste angewiesen waren und die Eroberung Gazas nicht ohne weiteres hinnehmen wollten. Zwar gelang es ihnen, Jannaj in einer größeren Schlacht zu besiegen, doch vermochte er dann doch die Gegend am Toten

Meer zu besetzen. Und schließlich wurde das gesamte Ostjordanland samt seinen hellenistischen Städten unterworfen, das Hasmonäerreich erreichte seine größte Ausdehnung. Gerade unter Jannaj zeigte sich jedoch, daß selbst äußere Erfolge so glänzender Art nicht vor den religiös-ethnischen Normen einer offenbar wachsenden Gruppe jüdischer Richtungen bestehen konnten. Der innere Widerstand gegen den Herrscher, der nun den Titel „König" auf seine Münzen schlagen ließ und sich mit seinen heidnischen Söldnern trotz traditioneller Judaisierungspolitik in den unterworfenen Gebieten wie ein hellenistischer Tyrann aufführte, wuchs sich zum Bürgerkrieg aus. Die Gemeinde von Qumran hat in dieser Zeit nach den archäologischen Befunden eine erhebliche Erweiterung erlebt, die Pharisäer, ein gemäßigter Flügel der endzeitliche Hoffnungen hegenden Richtung und vor allem Laienschriftgelehrtentum bzw. in Mittelschichten verankert, gingen zum aktiven Widerstand über. Jannajs hohepriesterliche Qualifikation wurde öffentlich in Frage gestellt, und an einem Laubhüttenfest bewarf ihn die Menge, als er im Ornat amtierte, mit Zitrusfrüchten. Der Söldnerkönig reagierte grausam und soll etwa 6000 Gegner haben umbringen lassen. Nun hatten sich die unterworfenen Gebiete nicht endgültig mit ihrem Geschick abgefunden, im Ostjordanland erhob man sich, und Alexander Jannaj mußte erneut gegen die Nabatäer ins Feld, geriet dabei in solche Bedrängnis, daß er fluchtartig nach Jerusalem zurück mußte, wo er sich dem pharisäisch geschürten Widerstand konfrontiert sah. Nach offenbar jahrelangen Auseinandersetzungen, die Jannaj nur dank seiner Söldner überstand, schien sein Schicksal besiegelt, weil die Gegner die Hilfe des seleukidischen Thronprätendenten Demetrius III. Eukairos (96–88) in Anspruch nahmen, ein angesichts der jüdisch-seleukidischen Geschichte geradezu verzweifelter und offenkundig auch nicht unumstrittener Entschluß. Jannaj unterlag in einer Schlacht bei Sichem (um 88/87 v. Chr.), doch die Unentschlossenheit seiner jüdischen Gegner ermöglichte es ihm, neue Kräfte zu sammeln, während Demetrius infolge der mangelhaften jüdischen Unterstützung das Land wieder räumte. Doch Jannaj dankte den

Pharisäern deren Rücksichtnahme nicht, eine regelrechte Verfolgungszeit begann, und viele suchten in Ägypten Zuflucht. Als „Zorneslöwe" bezeichnet ihn ein Text aus Qumran, zahlreiche gefangene Widersacher ließ er lebendig an Pfählen aufhängen und zugrunde gehen, während er sich mit seinem Gefolge an einem Mahl ergötzte, und vor den Augen der Sterbenden soll er noch deren Frauen und Kinder haben umbringen lassen. Darnach herrschte im Lande Ruhe, Friedhofsruhe. Außenpolitisch ergab sich hingegen eine neue Konstellation, die letzten Seleukiden zogen mit ihren Machtkämpfen neuerlich Palästina in Mitleidenschaft. Antiochus XII. zog gegen die Nabatäer, und Jannaj vermochte seinen Durchmarsch nicht zu verhindern, und als dann der Nabatäerkönig Aretas die Oberhand gewann, mußte Jannaj dessen Übermacht anerkennen. Aber noch einmal setzte der unermüdliche Haudegen zur Unterwerfung des Ostjordanlandes an, und in den Jahren 83–80 v. Chr. stellte er dort seine Herrschaft wieder her. Den Rest seiner Regierungszeit blieb er durch fortschreitenden körperlichen Verfall behindert, dennoch versuchte er, weitere militärische Unternehmungen durchzuführen.

Die rücksichtslose Kriegs- und Judaisierungspolitik der bisher geschilderten hasmonäischen Periode hatte das Verhältnis zwischen Juden und Nichtjuden ringsum vergiftet. Die hellenistisch-römische Nachwelt bildete ihr Bild vom Judentum zu einem gewissen Teil auf Grund von literarischen Echos auf diese Vorkommnisse. Tacitus (hist. V, 8) unterstellte daher dem König Antiochus IV. Epiphanes, er hätte den Juden nur ihren Aberglauben nehmen und ihnen griechische Sitte beibringen wollen. Aber um griechische Sitte ging es längst nicht mehr, im Gegenteil, gerade der Regierungsstil Alexander Jannajs als „König" und die archäologischen Zeugnisse aus der Zeit der Hasmonäerherrscher zeigen, daß man zivilisatorisch bereits weitgehend in die oberflächliche Hellenisierung des Vorderen Orients einbezogen war. Das Griechische fand zunehmende Verbreitung, und die gewaltsame Bekehrung großer Bevölkerungsgruppen hat schwerlich zur Konsolidierung alter Lebensgewohnheiten beigetragen. Hier entstand für konservative Kreise ein Problem, wobei sich die Aversionen aber zum Teil mehr gegen die Fremden als gegen das Griechische richteten. Die Zwangsbekehrten nützten wahrscheinlich die erstbeste Gelegenheit, um die aufgezwungene Religion wieder preiszugeben oder im Sinne synkretistischer Praxis mit den eigenen alten Überlieferungen zu verbinden. So entstand nun im syrisch-palästinischen Raum rund um die jüdischen Kern- und Siedlungsgebiete ein Bereich, der zeitweilig zwar offiziell jüdisch war, dann aber nur mehr jüdische Einflüsse von unterschiedlicher Intensität aufwies. Zusammen mit den ebenfalls zum Teil stark synkretistisch orientierten Samaritanern bildete dieser Bereich einen idealen Mutterboden für neue religiöse Entwicklungen, in denen wie dann in der Gnosis zwar jüdische Motive eine mehr oder minder gewichtige Rolle spielten, die Grundtendenz aber eher antijüdisch war. Nur die Idumäer im Süden scheinen sich weitgehend mit der Zwangsbekehrung abgefunden zu haben, was dann in der Haltung gegen Rom mit zum Tragen kam.

Nicht minder bedeutsam war Alexander Jannajs innenpolitisches Scheitern. Zwar hatte er sich mit brutaler Gewalt äußerlich gegen die pharisäisch geführte Opposition durchsetzen können, aber gegen Ende seiner Regierung erkannte er, wie fragwürdig abgesichert eine nur auf Söldner und eine kleine, wenn auch elitäre Gruppe wie die Sadduzäer fußende Herrschaft war. Er empfahl daher angeblich am Totenbett seiner Frau, den Pharisäern entgegenzukommen. Nach seinem Tod wurde mit seinem letzten Willen auch die alte Forderung nach der Ämtertrennung erfüllt. Die Witwe, Salome Alexandra (76–67 v. Chr.), übernahm die königliche Würde, der älteste Sohn, Hyrkan (Hyrkan II.), das Hohepriesteramt. Der innere Friede war damit zu einem gewissen Teil wiederhergestellt, nun freilich um den Preis, daß die pharisäischen Kräfte eine gezielte Religionspolitik betrieben. Die Sadduzäer mit ihrem priesterlichen Anhang (durch die Institution des Tempels einigermaßen gesichert) verloren an Einfluß und Macht, die radikaleren religiösen Strömungen, die den endzeitlichen Umschwung aller Verhältnisse erhofften, mußten sich mit Geduld wappnen und fügen. Neben der Königin nahm nun das Notablengremium wohl zum ersten Mal die Form an, die später als Synhedrion bezeugt ist und in dem eine pharisäische Mehrheit einer sadduzäischen Partei gegenübersaß, nicht freiwillig, denn die Pharisäer hätten sich an ihren Gegnern gern gerächt, aber einflußreiche Kreise samt Salome Alexandras zweitem Sohn Aristobul hatten die Königin bewogen, weitergehende Vergeltungen zu verhindern.

Außenpolitisch regierte sie umsichtig und entschlossen. Wie einst Salomo verzichtete sie auf eine offensive Politik und begnügte sich mit diplomatischen Mitteln. So rettete sie ihr Land vor kriegerischen Auseinandersetzungen mit der neuen vorderorientalischen Macht der Armenier, die sich das Seleukidenreich unterworfen hatten, freilich selber auch schon der Macht Roms unmittelbar begegneten. Die traditionelle Geschichtsschreibung, pharisäisch bestimmt, sparte nicht mit Lob für die kluge Königin. Ihr Tod ließ aber den Konflikt zwischen Pharisäern und Sadduzäern neu aufbrechen, verbunden mit Streitigkeiten um die Erbfolge. Die sterbende Königin hatte zwar ihrem hohepriesterlichen Sohn Hyrkan auch die Königswürde zugedacht, aber der zweite Sohn, Aristobul (II.), hatte schon alle Vorkehrungen für eine Rebellion getroffen und errang bei Jericho einen klaren Sieg gegen die Truppen Hyrkans, der sich nach Jerusalem zurückzog, aber auch die Hauptstadt schließlich übergeben mußte. Er resignierte und Aristobul übernahm nach drei Monaten Königswürde und Priesterdiadem (67–63 v. Chr.). Doch gab es bereits ein weiteres Machtzentrum, eine „Dynastie“ von Militärs aus der Zeit Alexander Jannajs und von idumäischer Abkunft, die im Bruderzwist eigene Ziele verfolgte. Antipater, auf Hyrkans Seite kämpfend, war nicht gewillt, sich Aristobul zu unterwerfen, sondern agitierte weiter für Hyrkan und sammelte Kräfte für eine militärische Entscheidung. Dies gelang im Bunde mit dem Nabatäerkönig Aretas, der den auf Antipaters Betreiben mehr gezwungenermaßen als freiwillig aus Aristobuls Aufsicht entflohenen Hyrkan bei sich aufnahm und für seine Hilfe die Rückgabe der durch Alexander Jannaj eroberten Städte und

Gebiete versprochen bekam. Aristobul vermochte tatsächlich nicht standzuhalten und wurde in Jerusalem, zuletzt im Tempelareal, belagert. Nicht einmal die für den Kult erforderlichen Opfertiere ließen die Belagerer durch (im Unterschied zum Seleukidenkönig Antiochus VII. im Jahre 135/34 v. Chr.), ja sie betrogen die Belagerten sogar um die erpresserisch hohe Kaufsumme. Der Zwischenfall ist in doppelter Hinsicht aufschlußreich. Einmal für die strenge kultische Frömmigkeit der belagerten prosadduzäischen Kräfte, und dann für den neuen Fanatismus im Parteienkampf. Die Unversöhnlichkeit der Gegner forderte den Eingriff äußerer Mächte geradezu heraus – und da Pompeius 66 v. Chr. gerade die Armenier besiegt und damit Syrien 64 v. Chr. unter unmittelbare römische Herrschaft gebracht hatte, erschien Rom auch als Ordnungsmacht in Judäa. Pompeius selbst hatte noch in Kleinasien zu tun, so daß vorerst sein Feldherr M. Aemilius Scaurus in Syrien von den judäischen Querelen Nachricht bekam. Sowohl Aristobul wie Hyrkan warben um Unterstützung und entsandten Delegationen, die sich mit Zahlungsversprechungen gegenseitig überboten. Aristobuls Gesandte hatten Erfolg, und der Nabatäerkönig Aretas mußte dem römischen Wink gehorchen und Judäa verlassen. Aristobul meinte die günstige Situation ausnützen zu können und überfiel ihn auf dem Rückzug. Aber Pompeius selbst war nicht gewillt, einen allzu forschen Vasallen in Judäa zu dulden. Obwohl Aristobul ihm ansehnliche Geschenke, unter anderem eine goldene Rebe, gesandt, ließ ihn der Römer schließlich fallen. Als nämlich 63 v. Chr. die rivalisierenden jüdischen Parteien Gesandte zu ihm nach Damaskus schickten, erschien auch eine dritte Gesandtschaft, die die Aufhebung der Hasmonäerherrschaft und die Wiederherstellung der alten Hierokratie forderte. Pompeius wollte die Lage überprüfen, da demonstrierte Aristobul in ungeschickter Weise seine Ungeduld und begab sich in die Festung Alexandrion. Pompeius faßte dies als Unbotmäßigkeit auf und marschierte in Judäa ein, forderte Aristobul zur Übergabe der Festung auf, die dieser zwar vollzog, aber gleich in Richtung Jerusalem weiterfloh. Er kapitulierte dort zwar, als jedoch der römische Feldherr Gabinius die Stadt selbst besetzen wollte, fand er geschlossene Tore und eine verteidigungsbereite Stadt, weil die Aristobul-Anhänger in ihr die Oberhand gewonnen hatten. Dies kostete Aristobul selbst die Freiheit, und die Stadt wurde belagert. Nun waren die Hyrkanos-Anhänger im Vorteil und sorgten für die Übergabe der Stadt, nur der Tempelberg blieb in der gegnerischen Hand. Realistisch beurteilt hatten sie keine Chance, doch hoffte man vielleicht auf göttliche Hilfe, der Tempel galt ja gerade in priesterlichen Kreisen als göttliche Wohnstatt und somit als unverletzlich. Als die Römer die Befestigungen endlich überwunden hatten, drangen sie mit Grimm in die heiligen Vorhöfe ein und veranstalteten – offensichtlich bis zuletzt auf erbitterte Gegenwehr stoßend – ein Blutbad. Angeblich wurde währenddessen das Opferritual wie üblich vollzogen und die diensttuenden Priester wurden durch die Römer niedergestreckt, nach einer Tradition am Jom Kippur (Großer Versöhnungstag) des Jahres 63 v. Chr., nach anderer Quelle an einem Sabbat. Pompeius betrat das Allerheiligste und verletzte damit die religiösen Gefühle nicht nur der Aristobul-Anhänger. Rom, die so lange umworbene Macht, die man als Trumpfkarte gegen die Seleukiden so sehr geschätzt hatte, der ferne brüderliche Bundesgenosse von einst, war nun an Ort und Stelle gegenwärtig – als Weltmacht. Pompeius' Eintritt ins Allerheiligste des Tempels wurde als Anmaßung empfunden, später, nach der Zerstörung des Tempels durch Titus, erschien er in einem noch schärferen Licht. Irgendwann hatte man im Lauf der Zeit begonnen, auch Rom im Sinne biblischer Genealogiendeutung in die traditionelle Geschichtsdeutung einzubinden, und man kam dabei auf Esau, den Zwillingsbruder Jakobs, der in der Bibel selbst als Stammvater der Edomiter gilt, so daß dann auch „Edom" zur Chiffre für Rom werden konnte. Esau der Bruder – das ist ambivalent, wie die Esau-Figur in der Bibel selbst. Und Edom hat im biblischen Schrifttum ebenfalls oft die Züge eines feindseligen Volkes, das sogar bei der Zerstörung des ersten Tempels beteiligt gewesen sein soll. Esau ist der Erstgeborene Jakobs – aber die Erstgeburt hat er an Jakob verkauft, verschleudert, Rom als „Esau“ zu bezeichnen bedeutet also die Anmeldung eines Vorranges für Jakob – auch wenn Esau, der wilde Jäger, der „durch sein Schwert“ lebt, vorerst als der Stärkere erscheint: der Segen des heilsgeschichtlichen Erbes ruht unwiderruflich auf Jakob und seinen Söhnen. Eine düstere Auseinandersetzung, eine verzweifelte Kraftprobe ist mit dieser Geschichtsschau angelegt, denn Rom war nicht mehr wie das Seleukidenreich ein durch Nachfolgewirren immer wieder erschüttertes Gebilde, es herrschte, ob direkt oder indirekt, mit Konsequenz – freilich auch mit einer nicht geringen Toleranz –, aber um dies ging es hier nicht, hier stand die Frage zur Debatte, wem die „Erstgeburt“, der Herrschaftsvorrang, geziemt. Roms Politiker hätten schon eine sehr profunde Kenntnis der innerjüdischen religiösen Szenerie besitzen müssen, um diese Herausforderung im Bewußtsein der eigenen faktischen Überlegenheit mit Gelassenheit auffangen zu können.

IV. Unter römischer Herrschaft

1. Die Zeit des Hohepriesters Hyrkan II.

Sollte der römische Grundsatz „divide et impera“ Pate gestanden haben, als Pompeius die judäischen Verhältnisse neu ordnete? Er restaurierte nicht die alte Theokratie und er bestätigte weder das Königtum des einen noch des anderen Hasmonäers. Den gefangenen Aristobul erwartete das traurige Geschick, beim Triumphzug des Pompeius in Rom öffentlich mitgeführt zu werden, zahlreiche Kriegsgefangene, auch Aristobuls Söhne Alexander und Antigonos, teilten sein Schicksal. Hyrkan II., den die Pharisäer zumindest für erträglich hielten, behielt die Hohepriesterwürde, aber als Regent von Judäa war er nur mehr „Ethnarch“, und Judäa war dem Statthalter der neuen Provinz Syria unterstellt. Außerdem erlangten die alten hellenistischen Städte ihre Selbständigkeit wieder, die Folge war ein Erstarken des antijüdischen Heidentums in der Umgebung.

Die praktische Gewalt in Judäa selbst gewann in zunehmendem Maß die Familie des Antipaters, der das Vertrauen Roms genoß und sehr wohl wußte, wie kostbar dieses für seine Pläne war. Die Flucht des Aristobulsohnes Alexander aus Rom 57 v. Chr. brachte aber bald wieder neue Unruhe ins Land. Beachtlicherweise brachte er eine ansehnliche Streitmacht zusammen, besetzte Festungen wie Alexandrion, Machaerus und Hyrkania, mußte dann aber den römischen Truppen des Prokonsuls Aulus Gabinius weichen und wurde auf Alexandrion belagert. Zwar scheint Alexander selbst glimpflich davongekommen zu sein, doch Judäa wollte Gabinius fürder besser unter Kontrolle halten. Er entmachtete den schwächlichen Hyrkan II. de facto völlig und richtete in Judäa fünf Verwaltungsbezirke (griechisch: *synhedria*) ein, die somit unter regionaler Verwaltung und darüber hinaus direkt dem Statthalter von Syria unterstellt waren. Dieser hatte ständig mit der Abwehr parthischer Offensiven zu tun, und daher war ihm Ruhe im Hinterland wichtig.

Schon 56 v. Chr. gelang aber dem Aristobul selbst und seinem zweiten Sohn Antigonus die Flucht aus Rom, und wieder versuchte man verzweifelt, sich gegen Roms Macht durchzusetzen. Die Affäre währte nicht lang, und Aristobul mußte sich auf Machaerus ergeben. Kaum kam Gabinius von einer Expedition nach Ägypten zurück, fand er 55 v. Chr. schon wieder den Aristobulsohn Alexander als Rebellen vor und mußte ihn und seine Anhängerschaft bändigen. Wie diese Serie römischer Ordnungsmaßnahmen auf den direkt betroffenen Bevölkerungsteil wirkte, ist vorstellbar, wenn auch nicht bezeugt. Die anzunehmende Erbitterung weitete sich gewiß aus, als der nächste syrische Statthalter, M. Licinius Crassus, 54/53 v. Chr. sogar den Tempelschatz aushob. Die Vehemenz der späthasmonäischen Aufstände gegen Rom ist bemerkenswert. Selbst während der Gefangenschaft der Prätendenten aus der Familie Aristobuls kam es zu Unruhen, der syrische Statthalter C. Cassius Longinus (53–51 v. Chr.) hatte Anlaß, energisch einzuschreiten, und angeblich ließ er danach 30 000 Gefangene in die Sklaverei verkaufen. Die Hasmonäersprößlinge, lebendige Erinnerungen an einstige Unabhängigkeit und Größe, genossen in weiten Schichten Sympathie, wobei Rom im Bewußtsein vieler bald jenen Platz einnahm, den Antiochus IV. Epiphanes in der Makkabäergeschichte eingenommen hatte, weshalb auch die Hoffnungen auf einen wunderbaren Erfolg nicht erlahmen wollten. Eine Tradition des Widerstandes und eine intensiv gepflegte Märtyrerideologie durchzieht daher die beiden Jahrhunderte vor und nach der Zeitenwende, immer wieder versuchten Rebellen, mit den Methoden des frühen Makkabäerkampfes die fremde Macht und ihre Handlanger zu treffen. Die schweren inneren Auseinandersetzungen zwischen Pompeius und Caesar und dann wieder zwischen Octavian und Antonius bescherten gerade dem Orient zwei schwierige und wechselreiche Jahrzehnte, und es mag sehr wohl sein, daß diese innerrömischen Kämpfe den Hoffnungen auf ein Ende der Fremdherrschaft ständig neue Nahrung gaben, zumal die Parther im Osten immer energischere Offensiven starteten. Verständlicherweise suchte Caesar Aristobul gegen Hyrkan und Pompeius auszuspielen, doch kam es erst gar nicht zu einem neuen Abenteuer, denn Aristobul starb noch in Rom an einer Vergiftung, und sein Sohn Alexander wurde noch zeitgerecht vor weiteren Unternehmungen auf Befehl des Pompeius in Antiochien enthauptet. So blieb Antigonus übrig, aber inzwischen hatte der Haudegen Antipater bereits begriffen, bei wem die Zukunft Roms lag. Er unterstützte Caesar in Ägypten gegen die Ptolemäer so eindrucksvoll, und Hyrkan II. mobilisierte Ägyptens Juden für Caesar, daß dieser Antipater zum *Epistates* von Judäa machte und Hyrkan II. als Hohepriester bestätigte (47 v.Chr.). Antipater erhielt zudem das römische Bürgerrecht, Hyrkan wieder den Titel „Ethnarch". Zugleich bestätigte Caesar nicht bloß das traditionelle Recht der Juden, nach ihren väterlichen Gesetzen leben zu dürfen, er ernannte Hyrkan zum Bundesgenossen Roms und erließ Beschränkungen für die Stationierung von Truppen in Jerusalem/Judäa. Weitere Zugeständnisse erhielt Hyrkan durch ein senatus consultum etwa zwei Jahre später (44 v. Chr.), erneuert nach Caesars Tod. Leider fehlt eine Angabe des Inhalts, doch läßt dieser sich aus späteren Erwähnungen von Privilegien einigermaßen rekonstruieren. Wichtig war die Befreiung vom Militärdienst (in nichtjüdischen Einheiten), weil dort natürlich offiziell „Götzendienst" betrieben wurde und das Einhalten ritueller Vorschriften unmöglich war. Territorial bedeutete es die Rückerstattung der für Judäa wichtigen Hafenstadt Jaffa und einiger anderer Orte und Gebiete, die Pompeius ausgegliedert hatte. Äußerst wichtig war ferner die Garantie der Rechte der jüdischen Diasporagemeinden speziell in Alexandrien und in Kleinasien. Somit erreichte der als Politiker recht blasse Hyrkan – als Marionette des Antipater – für die jüdische Rechtsgrundlage erstaunlich viel. Antipater freilich dachte nicht zuletzt an seine Hausmacht. Er betraute nun seine beiden Söhne mit hohen Posten, Phasael wurde *Strategos* in Jerusalem und Herodes in Galiläa. Die Aufgabe in Galiläa war nicht leicht, denn hier, wo die Hasmonäer einst treue Anhänger angesiedelt hatten, gärte es ständig. Zwar sprechen die erhaltenen Quellen vorzugsweise von „Räubern", aber das war wohl nur die offizielle Einschätzung, tatsächlich lebte hier die schon traditionelle Widerstandsideologie weiter, zu der Zeit durch einen gewissen Hiskia repräsentiert, dessen Herodes habhaft werden konnte. Ohne Gerichtsverfahren beförderte der junge Strategos ihn mit einer Anzahl von Anhängern vom Leben zum Tode. In Jerusalem wurden Zweifel an der Legitimität seiner willkürlichen Justiz laut, und Herodes mußte widerwillig vor dem Notablengremium, dem Synhedrion, erscheinen. Er tat es, aber mit Verachtung, trug provokativ Purpur und war von einer Leibwache begleitet. Dennoch meinten die Pharisäer, um die Geltung der Tora besorgt, sich durchsetzen zu müssen, und eröffneten gegen Herodes einen Prozeß. Doch Antipaters gute Beziehungen zu Rom machten sich nun bezahlt: Der Statthalter von Syrien intervenierte bei Hyrkan II. und veranlaßte diesen, die Sitzungen des Synhedrions zu blockieren. Herodes konnte Jerusalem verlassen, wutentbrannt kehrte er mit einer Truppe zurück, um an den pharisäischen Synhedrionsmitgliedern Rache zu üben. Antipater bremste aber das Ungestüm seines Sohnes, dessen tyrannisches Temperament hier zum ersten Mal öffentlich zutage kam. Rom war an Herodes so sehr interessiert, daß er die Position eines Strategos von Koilesyrien erhielt, kurz bevor in Syrien noch einmal ein Pompeius-Anhänger, Caecilius Bassus, kriegerische Verwicklungen heraufbeschwor. Caesars Ermordung klärte die Lage in Syrien keineswegs, C. Cassius errang im Lauf der Zeit die Oberhand, und Antipater stellte sich mit seinen Söhnen entschieden auf seine Seite, den Preis, hohe Abgaben, hatte die judäische Bevölkerung hinzunehmen. Zahlungsunwillige wurden in die Sklaverei verkauft. Etwa 43 v. Chr. fiel Antipater einem Mordanschlag zum Opfer, doch Herodes rächte sich am Anstifter binnen kurzer Zeit und sicherte die Hausmacht ab. Neue Unruhen und Lasten brachte das Jahr 42, denn C. Cassius verließ Syrien, und lokale Machthaber witterten Morgenluft. Tyrus besetzte Teile von Galiläa, und der Hasmonäer Antigonus versuchte im Bündnis mit dem Herrscher von Chalkis, erneut Fuß zu fassen. Der Ausgang der Schlacht bei Philippi brachte den Orient unter die Herrschaft des Antonius, und damit war für Judäa wieder alles offen. Eine judäische Delegation erschien zu Beginn des Jahres 41 vor Antonius und bat um die Wiederherstellung der althergebrachten Verhältnisse, heftig gegen Herodes Klage führend. Dieser aber wußte sich persönlich eindrucksvoll zu verteidigen. Der Hohepriester und „Ethnarch" Hyrkan entsandte ebenfalls Bevollmächtigte und suchte um Freilassung der unter C. Cassius verkauften Judäer sowie um Rückgabe der von Tyrus besetzten Gebiete nach, und zwar mit vollem Erfolg. Die ersterwähnte judäische Delegation hingegen erreichte auch bei einem zweiten Versuch nichts, denn die Familie des Antipater hatte bei den Römern nun einmal schon lange einen guten Ruf, und da die Hyrkanus-Partei ihr ebenfalls verpflichtet war, zogen jene, die in diesem Tauziehen am ehesten die breiteren Volksschichten vertraten, den kürzeren. Das Ergebnis war, daß Herodes und Phasael sich nun sogar „Tetrarchen" nennen durften, womit Hyrkan als „Ethnarch" zwar formal unangetastet blieb, die tatsächliche Macht aber in den Händen der romtreuen Herodianer verblieb.

2. Die Partherinvasion und die Herrschaft des Antigonus (40–37 v. Chr.)

Eine völlige Wende brachte die machtvolle Invasion der Parther 40 v. Chr. Auf sie hatte Antigonus seine Hoffnungen gesetzt, und so gelangte er binnen kurzer Zeit bis Jerusalem, wo er Hyrkan und Phasael Verhandlungen anbot. Gegen den Rat des mißtrauischen Herodes gingen diese auf den Vorschlag ein und begaben sich ins parthische Lager, wo sie gefangengesetzt wurden. Herodes gelang mit seiner Familie die Flucht nach Masada und weiter nach Petra zu den Nabatäern. Unterdessen sorgte Antigonus dafür, daß Hyrkan als Hohepriester amtsuntauglich wurde, er ließ ihm nämlich die Ohren abschneiden, denn Verstümmelte sind nach biblischer Tradition zum Priesterdienst nicht zugelassen. Phasael soll sich selber umgebracht haben. Während der entstellte Hyrkan als Kriegsgefangener fortgeführt wurde, etablierte sich Antigonus als König und Hohepriester in Judäa – für eine Zeit von knapp drei Jahren (40–37 v. Chr.). Aber mittlerweile hatte Herodes in Rom seine Ernennung zum König von Judäa durchgesetzt, nun lag es an ihm, sein Reich auch de facto zu gewinnen. Die Regierungszeit des Antigonus war demgemäß eine Zeit der Kämpfe und Lasten für die Bevölkerung. Nachdem die Parther sich aus Syrien zurückgezogen hatten, konnte Antigonus sich für hohe Zahlungen noch eine Galgenfrist vom römischen Statthalter Syriens erkaufen, aber nach der Landung des Herodes in Ptolemais (Akko) wandte sich das Blatt langsam, denn selbstverständlich konnte der Statthalter Syriens dem in Rom anerkannten König Herodes nicht offen Hindernisse in den Weg legen. Wohl ergaben sich 39 v. Chr. noch einige Unzukömmlichkeiten, im Jahr 38 aber gelang es Herodes dank eines erneuten parthischen Vorstoßes, freier operieren zu können. Als er jedoch persönlich nach Samosata reiste, um dort Antonius zu treffen, erlitten seine Truppen wieder einige empfindliche Rückschläge, vor allem in Galiläa loderte der antiherodianische Widerstand heftig auf, und Herodes hatte nach seiner Rückkehr, die diplomatisch ein voller Erfolg gewesen war, einige Zeit zu tun, um das Gebiet wieder botmäßig zu machen. Dann schlug er das Heer des Antigonus bei Jericho, und im folgenden Frühjahr (37 v. Chr.) belagerte er das noch widerstrebende Jerusalem. Mit Hilfe römischer Truppen eroberte Herodes die Befestigungen der Stadt Stück um Stück bis auf den Tempelberg und die Oberstadt, und schließlich auch diese. Damit war Antigonus verloren und Roms Gefangener, in Antiochien wurde er dann sogar enthauptet. Die Ära der Makkabäer war endgültig zu Ende, zugleich mußten zahlreiche Juden ihre Hoffnungen auf eine Wiedergewinnung einstiger Macht begraben. Die Makkabäer waren inzwischen etwas wie nationale Idole geworden, heldenhafte Vorbilder des Kampfes gegen die Fremdherrschaft, und allem Anschein nach traf sich diese politische Einstellung mit intensiven religiösen Gefühlen. Herodes war sich der Wirkung des Hasmonäernamens auf breite Volkskreise sehr wohl bewußt, und noch während der Belagerung Jerusalems versuchte er durch die Heirat mit Mariamme, einer Enkelin des Hohenpriesters Hyrkan II., das hasmonäische Prestige für sich nutzbar zu machen.

3. Die Zeit Herodes des Großen (40 bzw. 37–4 v. Chr.)

Nun hatten die Juden wieder einen König, aber von Roms Gnaden, den die meisten haßten. Wohl gab es Parteigänger des Herodes, aber die Mehrheit fügte sich nur zähneknirschend, die Hasmonäer und ihr Anhang rangen bis zum bitteren Ende, und ein ganz widerspenstiger Teil der Bevölkerung sorgte für immer wieder aufflackernde Unmutsäußerungen und feindselige Aktionen. Die Rechnung des Herodes, durch die Ehe mit einer Hasmonäerin die Kluft zwischen sich und der makkabäerverehrenden Bevölkerung zu überbrücken, trog. Einmal trug die stolze, überhebliche Haltung der Hasmonäer selbst zu diesem Desaster bei, zum andern die Ungeduld und Grausamkeit des Tyrannen. Denn sosehr Herodes auch „König der Juden" sein wollte, sowenig wollte er auf den Herrschaftsstil eines hellenistischen Königs verzichten. Zwar versuchte er, im jüdischen Bereich möglichst wenig Anlaß zu Klagen über Tora-Verstöße zu geben, doch in Fragen der Personal- und Familienpolitik verfuhr er nach Gutdünken, und in den nichtjüdischen Gebieten setzte er die Judaisierungspolitik der Hasmonäer nicht fort, im Gegenteil, er wollte beiden Bevölkerungsteilen, Juden wie Nichtjuden, gerecht werden und gab sich daher für die Nichtjuden wie ein hellenistischer König seiner Zeit, baute Tempel für heidnische Götter und zu Ehren römischer Herrscher, nach letzteren benannte er auch städtische Neugründungen, und diese janusköpfige Politik war, wiewohl realitätsgerecht, in den Augen der frommen Juden offensichtlich unverständlich. Wieder ging es um das immer neu akute Problem der Integration sowohl in den kulturellen Rahmen der näheren Umwelt wie in die politische Ordnung der römischen Weltmacht. Aber letztere hatte zu der Zeit bereits für viele die Fratze eines apokalyptischen Ungeheuers erhalten, als viertes Tier von Dan 7, Symbol des letzten Weltreichs vor der messianischen Wende. Überdies spitzte sich der Gegensatz zum „Götzendienst" in beängstigender Weise zu. Nicht nur der tyrannische König kannte kein Maß, das ganze Zeitalter zeigte neurotische Züge, war aus dem Gleichgewicht geraten und hatte den Sinn für Realitäten verloren, denn die Hoffnungen auf endzeitliche wunderbare Ereignisse fanden immer neue Nahrung. Herodes fiel nicht so sehr aus dem Rahmen seiner Zeit und Umgebung, wie gern behauptet wurde, er war kennzeichnend für seine Periode, in der freilich nicht bloß Verirrungen, sondern auch große Leistungen die Geschichte bestimmt haben. Ganz düster liegt allerdings über der herodianischen Zeit der Schatten seiner Familienpolitik. Die Ehe mit Mariamme, der Enkelin Hyrkans II., brachte Herodes vor lauter Eifersucht, politischem Mißtrauen und verletztem Ehrgefühl an den Rand des Wahnsinns. Er hatte es an Kompromißbereitschaft nicht fehlen lassen und auf Drängen seiner Schwiegermutter Alexandra den jungen Schwager Aristobul 35 v. Chr. zum Hohepriester ernannt. Aber schon am Ende des Jahres starb der Hasmonäerprinz in einem Badebassin in der königlichen Palastanlage bei Jericho – im „Spiel“ untergetaucht und dabei angeblich unabsichtlich ertränkt, nachdem Herodes die Ovationen, die Festpilger dem jungen Hohepriester im Tempel bereitet hatten, richtig als politische Sympathiekundgebung gedeutet hatte. Antonius fand an dem Vorfall nach anfänglichem Befremden nichts auszusetzen und gab sich mit der Erklärung, die ihm Herodes persönlich gab, zufrieden. Der nächste, welcher – des Ehebruchs mit Mariamme verdächtigt – umgebracht wurde, war des Königs Onkel und Schwager Joseph (im Jahr 34), und im Jahre 30 traf es den aus parthischer Gefangenschaft heimgekehrten alten Hyrkan. Im Jahr darauf löschte die Wut des Königs das Leben seiner heißgeliebten und ebensosehr gehaßten Gemahlin Mariamme aus, eine Tat, die er selber nie mehr verwinden konnte. Bis an Nekrophilie grenzt die Art und Weise, wie er den Leichnam der Hasmonäerin konservieren und auf Masada bestatten ließ. Mariammes intrigante und maßlos ehrgeizige Mutter Alexandra verfiel bald darauf ebenfalls dem königlichen Zorn. Die listenreiche Schwester des Königs, Salome, die ihren ersten Mann Joseph durch eigene Verleumdung losgeworden war, wußte es nun einzurichten, daß ihr Bruder auch den zweiten Gatten zusammen mit den „Söhnen des Baba“ (einer hasmonäischen Seitenlinie) exekutieren ließ. Als dann später die Mariamme-Söhne Alexander und Aristobul aus Rom, wo sie erzogen worden waren, zurückkehrten, kam es bald zu Spannungen zwischen dem Vater und diesen letzten Hasmonäerprinzen. Von 13 v. Chr. an schwelte dieser Konflikt, beschäftigte 12 v. Chr. sogar Augustus in Rom, es kam zu Anklagen, Verdächtigungen und mühseligen Versöhnungen, irgendwann im letzten vorchristlichen Jahrzehnt zu einer formellen Anklage gegen die beiden vor Augustus, der dem Tyrannen widerwillig grünes Licht gab, und bald darauf ließ dieser seine eigenen Söhne nach einem lächerlichen Gerichtsverfahren hinrichten.

Längere Zeit genoß Antipater, Sohn der Idumäerin Doris, das Vertrauen des Königs, aber um 5 v. Chr. wurde auch er in den Kerker geworfen und im nächsten Jahr mit Billigung des Augustus exekutiert. Zuletzt bestimmte er testamentarisch die

Verteilung des Reiches auf die restlichen Söhne. Archelaos und Antipas, Söhne der Samaritanerin Malthake, sollten König (von Judäa) bzw. Tetrarch (von Galiläa und Peräa), Philippus, Sohn der Kleopatra von Jerusalem, sollte Tetrarch (der Gaulanitis, Trachonitis, von Batanäa und Baneas) werden.

Die an Verhältnisse von italienischen Renaissancefürstenhöfen heranreichende dynastische Tragödie hat die Geschichte der Juden nicht sonderlich berührt, nur die prohasmonäischen Gefühle wurden arg strapaziert. Ein anderer, ebenfalls an die Renaissance gemahnender Zug hingegen, eine planvolle und großzügige Bautätigkeit, hinterließ auch im jüdischen Bewußtsein positive Erinnerungen, und zweifellos hatte der König Anhänger unter den Juden selbst. In Zeiten ohne Konfrontationen erreichte sein Verhältnis zu den vorherrschenden Gruppen, Sadduzäer und Pharisäer, einen durchaus erträglichen modus vivendi.

Im ersten Jahrzehnt seiner Herrschaft hatte der König sowohl außen- wie innenpolitisch schwierige Probleme zu meistern. Die ptolemäische Königin Kleopatra nützte ihre engen persönlichen Beziehungen zu Cäsar und Antonius für Gebietsgewinne in der Region, erhielt Ländereien bei Jericho, die Herodes von ihr pachten mußte, und andere Besitzungen, vor allem Gebiete an der Küste. Die Hasmonäerin Alexandra suchte ständig Kontakt zu Kleopatra, und einmal wollte sie sogar mit ihrem Sohn Aristobul zu ihr entfliehen. Herodes hatte es daher nicht leicht, bei Antonius seine Interessen zu wahren, jedenfalls kostete es riesige Summen, die der König zunächst hauptsächlich aus den konfiszierten Besitzungen der feindseligen judäischen Vornehmen aufbrachte, die zumeist prohasmonäisch gesinnt waren. Im Kriege zwischen Antonius und Octavian 32 v. Chr. lancierte Kleopatra dem judäischen König, der ihren Verführungskünsten klug widerstanden hatte, den undankbaren Auftrag zu, gegen die Nabatäer zu Felde zu ziehen, unterstützte dabei aber diese militärisch, so daß Herodes eine Niederlage hinnehmen mußte. Katastrophale Folgen eines starken Erdbebens im Jahr 31 schwächten seine Kriegsstärke weiter, doch gelang ihm dennoch zuletzt ein großartiger Sieg. Antonius freilich, auf dessen Karte er gesetzt hatte, verlor danach bald die Schlacht bei Actium. Herodes wechselte rechtzeitig die Front, doch zugleich drohte eine gewisse Gefahr vom alten Hyrkan, der gute Beziehungen zu den Nabatäern hatte und nun hoffen konnte, bei Augustus eventuell Gehör zu finden. Ob begründet oder nicht, Herodes wollte in dieser heiklen Situation keinen Thronprätendenten neben sich haben, und damit war Hyrkans Leben beendet. Auf Rhodos stellte sich Herodes dem siegreichen Octavian, leugnete seine Parteinahme für Antonius keineswegs, sondern stellte sein Verhalten als Dienst an Rom dar. Die Romtreue des Herodes stand allerdings außer Zweifel, und sie gab wohl den Ausschlag für die glänzende Bestätigung seiner Position durch Octavian/Augustus. Ein Jahr später erhielt er die einst Kleopatra zugeteilten Gebiete in Palästina und einige hellenistische Städte zugeschlagen, 22 v. Chr. auch noch im Nordosten die Gaulanitis, Trachonitis, Batanäa und Auranitis, ein fast ganz nichtjüdisches Gebiet. 20 v. Chr. bekam er noch eine weitere Tetrarchie in dieser Region, womit das herodianische Reich in seiner Ausdehnung an die stolzesten Zeiten der jüdischen Geschichte erinnern konnte. Augustus konnte diese Machtkonzentration risikolos dulden, ja fördern, weil ihm Herodes ebenso ergeben diente wie er einst dem Antonius gedient hatte, und im Rahmen der augusteischen Friedenszeit hatte der König auch die Möglichkeit, sein Herrschaftsgebiet planvoll zu regieren und zu gestalten.

Kennzeichnend ist zunächst die große Zahl der Repräsentativbauten. In Jerusalem entstand südlich der Zitadelle ein stattlicher Königspalast mit eigener Befestigung, leider später völlig zerstört, ein Amphitheater und ein Hippodrom. Nordwestlich des Tempelareals baute er schon früh die Festung Antonia so aus, daß sie den Tempelbereich beherrschte. In nichtjüdischen Städten baute er Tempel und Theater, in großartiger Weise betrieb er an der Küste den Ausbau des alten Ortes „Stratons Turm“ zur hellenistischen Hafenstadt „Cäsarea“, und das alte Samaria wurde großzügig zu „Sebaste“ ausgestaltet. Zu Ehren seines Vaters gründete er „Antipatris“ und zu Ehren seines Bruders im Jordantal „Phasaelis“. In Jericho ließ er den alten Winterpalast der hasmonäischen Könige zuschütten und darüber eine neue, kostspielige Palastanlage errichten, nicht weit davon eine Festung „Kypros“ zu Ehren seiner Mutter anlegen. Nicht fern von Bethlehem wurde ein künstlicher Hügel errichtet, „Herodeion“ genannt, das eine wohlbefestigte Palastanlage und des Königs künftiges Mausoleum tragen sollte. Die alten Hasmonäerfestungen Alexandreion und Hyrkania wurden großzügig erweitert und befestigt, mit ihnen, mit Machaerus und insbesondere der schier unüberwindlichen Bergfestung Masada am Toten Meer verfügte der König über eine Kette von festen Zufluchtsorten und Stützpunkten. Nicht nur in seinem Reich spielte er den großen Bauherrn, er spendete Geld für Profan- und Sakralbauten sowie für Spiele im Ausland und festigte damit seinen Ruf im Rahmen des Reiches. Seine jüdischen Untertanen und Glaubensbrüder überraschte er mit einem Plan, den sie bei allen Vorbehalten gegen seine Person nicht ablehnen konnten, nämlich eine beispiellose Neugestaltung der gesamten Tempelanlage von Jerusalem. Die Bauarbeiten begannen etwa 20 v. Chr. und erbrachten zunächst eine Erweiterung – fast auf das Doppelte – des Tempelbergareals durch die Anlage gewaltiger Stützmauern und Aufschüttungen, heute dem Areal des *Haram ash-sharif* entsprechend. Auf dieser Einfassung, bei der riesige Steinquader Verwendung fanden, wurde im Stil hellenistischer Säulenhallen ein Einfassungskomplex errichtet, der im Südflügel besonders großartig ausfiel und dort, über der ohnedies schon hohen Stützmauer, eine sowohl in den Ausmaßen wie in der Gestaltung einzigartige Wirkung erzielte. Daß dabei auch die Umgebung des Tempelberges ein neues Gesicht erhielt, schon durch die neugeschaffenen Zugänge zum Tempelberg, versteht sich von selbst, und im Lauf der Zeit errichteten auch die Wohlhabenden Jerusalems Bauten im hellenistisch-herodianischen Stil, vor allem auf dem Westhügel, wo der Königspalast stand. Schwieriger gestaltete sich die Arbeit im Tempelareal selbst, sobald die inneren Anlagen, die dem eigentlichen Kult dienten, betroffen waren.

Die strikte Auffassung von der Heiligkeit und rituellen Reinheit des Ortes erforderte ebenso wie die laufende Abwicklung des Opferkults allerlei ungewöhnliche Maßnahmen. Im Altardienstbereich und vor allem am eigentlichen Tempelgebäude konnten auch als Bauarbeiter nur Priester tätig sein, und Herodes tat alles, um diesen heiklen rituellen Anforderungen voll gerecht zu werden. Ansonsten interessierte er sich persönlich mehr für hellenistische Bildung als für jüdische Tradition. Als König der Juden verstand sich Herodes jedoch auch insofern, als er mit Erfolg intervenierte, wenn in der Diaspora jüdische Gemeinden in Schwierigkeiten gerieten. Sieht man – was allerdings kaum möglich ist – von seinem Despotismus ab, so hat der Beiname „der Große“ durchaus seine Berechtigung. Die beiden letzten Jahrzehnte seiner Regierung boten vergleichsweise sichere und auch wirtschaftlich solide Lebensverhältnisse. Freilich brauchte er Unmengen von Geld, für Rom, für seine großspurige Hofhaltung, nicht zuletzt für seine Bauten; doch darunter waren ja auch zahlreiche Nutzbauten, etwa Wasserleitungen und Straßen. Aber zugleich sorgte er für eine ungestörte wirtschaftliche Entfaltung, und so kam das nötige Geld auch herein, ohne daß im gesamten der Wohlstand des Landes beeinträchtigt werden mußte. Wie immer in Fällen wirtschaftlicher Umstrukturierungen und nicht zuletzt als Begleiterscheinung von Städtegründungen gab es auch soziale Opfer der Entwicklung. Ungünstige Steuerlastverteilung, Landfluchterscheinungen, die teils durch die Städtegründungen bewirkt, teils Folge der Einrichtung großer Landgüter (nicht zuletzt in königlichem Besitz), ließen gewisse Teile der Bevölkerung weiter verarmen, während andere trotz hoher Abgaben in ihren Berufen florierten. Einen sozialen Ausgleich gab es nicht, obwohl gerade dieser vielgeschmähte König auch etwas wie einen sozialen Sinn hatte. In Zeiten großer Not sparte er keine Kosten, um aus königlichen Mitteln den Armen zu helfen, so 25 v. Chr., als eine katastrophale Nahrungsmittelknappheit die ganze Region heimsuchte. Und zweimal reduzierte er die Steuern, im Jahr 20 v. Chr. um ein Viertel, und im Jahr 14 v. Chr. sogar um ein Drittel, fühlbare Erleichterungen für die Bevölkerung, die allerdings infolge der langen Friedenszeit und des relativen Wohlstandes wieder rapide anwuchs. Jerusalem hatte damals nach Josephus etwa 70 000 Einwohner – gleichviel wie die heutige Altstadt. In besonderem Maß profitierte von der herodianischen Ordnung das Kultpersonal, denn seine Einnahmen stiegen ständig. Herodes verfuhr in bezug auf das Hohepriesteramt zwar recht willkürlich, ernannte Hohepriester ohne Rücksicht auf ihre familiäre Herkunft, und dies wohl, um das Amt von den ihm ohnedies nicht freundlich gesinnten vornehmen Sippen zu trennen, aber im übrigen hatte die Priesterschaft und das levitische Personal nicht zu klagen. Es mag sehr wohl sein, daß gerade diese eigentümliche Parallelität von herodianischer Tyrannenherrschaft und kultischer Hochblüte gewisse Ressentiments gegen den Tempelkult überhaupt aufleben ließ, und der alle bekannten Beispiele überbietende Ausbau der Tempelanlage selbst forderte in seiner demonstrativen Selbstdarstellung der königlichen Pracht und des sinnenfälligen religiösen Kultbetriebs jene heraus, die mehr oder minder ungeduldig den Einbruch der Gottesherrschaft erwarteten. Je aussichtsloser eine davidische oder hasmonäische Restauration erschien, desto intensiver wurden die Hoffnungen auf ein direktes, unberechenbares göttliches Eingreifen, auf das Wunderbare, gerade die augenfällige Macht der Realitäten provozierte einen Hang zum Irrationalen, die Sehnsucht nach einer ganz anderen Herrschaft, nach einer neuen Welt. Apokalypsen, spekulative Schriften über den göttlichen Geschichtsplan und die göttliche Weltordnung, waren ungemein beliebt, darunter insbesondere das Buch Daniel, und alles zielte auf einen in den letzten Auswirkungen katastrophalen Gegensatz ab: Hier Weltmacht (Rom, repräsentiert durch den Vasallen Herodes) und da Gottesherrschaft. Jede Manifestation der „Weltmacht" wurde von vielen als Provokation und gottfeindliche Veranstaltung gewertet, je ausgeprägter und effektiver das herodianische Verwaltungssystem wurde, desto diabolischer erschien es solchen eifernden Frommen.

Die ansteigende Verschärfung des Verhältnisses zwischen Juden und Nichtjuden seit der Makkabäerzeit wurde bereits wiederholt erwähnt, sie nahm auch unter Herodes nicht ab, sosehr er sich um gleichmäßige Behandlung bemühte. Man kann vielleicht sogar behaupten, daß die jüdische Seite unter seiner Regierung besser abschnitt, weil sie eine nicht unbeträchtliche Ausweitung jüdischer Siedlungen unter sicheren Verhältnissen gewährleistete. Die neugegründete Stadt Cäsarea z. B., die völlig als hellenistische Stadt konzipiert war, hatte bald einen starken jüdischen Bevölkerungsanteil, und das war gewiß kein Einzelfall. Aber nicht nur unter den „Heiden", auch unter den Juden, nicht zuletzt unter denen mit militanten Endzeithoffnungen, war der Fremdenhaß virulent. Die profunde Verachtung des „Götzendienstes" trug das ihre dazu bei, die unter dem Eindruck der makkabäisch-hasmonäischen Erfolge eingerissene Arroganz gewisser Kreise war ein weiteres Moment, jedenfalls schimpfte man Herodes wegen seiner Abstammung aus einem idumäischen Geschlecht, das wahrscheinlich erst unter Johannes Hyrkan zwangsweise zum Judentum „bekehrt" worden war, laut Josephus als „Halbjuden". Dies scheint abgesehen von den hasmonäerfreundlichen Teilen der Bevölkerung auch in etwa der Haltung der Pharisäer entsprochen zu haben, die zu der Zeit allerdings noch keine geschlossene Gruppe darstellten, sondern eine lose Verbindung von Einzelvereinigungen, die für sich ihre speziellen rituellen Regeln und religiösen Gebräuche praktizierten. Solange eine religiöse Gruppe – wie offenbar auch die Qumrangemeinde – sich in dieser Weise introvertiert den religiösen Anliegen widmete, hatte der König kein Interesse an einer Konfrontation. Unter den Pharisäern war aber ein starker Trend zu aktiver Politik vorhanden, und als Ziel schwebte ihnen eine jüdische Gemeinschaft nach pharisäischen Regeln und Orientierungen vor. Der König vermied es in der Regel peinlich, unnötig zu provozieren, so achtete er fast durchweg auf die wegen der starken Aversion gegen den „Götzendienst" damals ungemein hohe Empfindlichkeit gegen bildliche Darstellungen und begnügte sich auch in seinen Palastanlagen und Festungen mit geometrischen und pflanzlichen Ornamenten. Die gleiche Vorsicht ließ er bei seinen Münzprägungen walten. Bilder wurden zu der Zeit nicht nur sofort mit Götzendienst assoziiert, man dachte auch sehr rasch an die Symbole und Attribute hellenistischer Herrscherverehrung, und seit Pompeius bewirkten insbesondere römische Feldzeichen Haß und Empörung. Als der König gegen Ende seines Lebens über einem Tor zur Tempelanlage einen goldenen Adler anbringen ließ, ein traditionelles Symbol sowohl des Sonnen- wie des Herrscherkultes, aber auch für das römische Imperium, kochte die Volksseele teilweise über, und auf Anstiftung zweier pharisäischer Autoritäten rissen Jugendliche das Prunkstück herunter, was eine heftige Reaktion des Königs auslöste. Für viele Pharisäer war eben dieser willkürliche Herrschaftsstil der entscheidende Anstoß, während Herodes wieder jedes Ansinnen, sich einer durch irgendein Gremium kontrollierten Norm unterzuordnen, nicht nur zurückwies, sondern auch gleich im Keim zu ersticken suchte. Mit aller Schärfe verfolgte er jene Gruppen, die den aktiven Widerstand wagten, in ihm wohl etwas wie eine Inkarnation des Bösen vermutend. Auch im NT hat Herodes in der Geschichte vom bethlehemitischen Kindermord eine für seinen Ruf kennzeichnende Spur hinterlassen. Am Ende seiner Regierungszeit, in der schwere Erkrankungen vorzeitig zu Gerüchten über sein Ableben Anlaß gaben, was zu voreiligem Jubel der Gegner und zu entsprechenden Reaktionen des alterskranken Tyrannen führte, war das Reich fest geordnet und wirtschaftlich gut gestellt. Das jüdische Gebiet war in 22 Toparchien als übergeordnete Verwaltungseinheiten für die dörflichen Siedlungen eingeteilt, wozu noch Narbata und Azotos kamen, was somit den 24 Kultdienst-Abteilungen entsprach. Daneben hatten die hellenistischen Städte ihre mehr oder minder – je nach Verfassungstradition – autonome Verwaltung, während die königlichen Besitzungen und die Militärkolonien natürlich verwaltungsmäßig besondere Größen darstellten. Hervorragende Dienste (vor allem als Diplomat) leistete ihm der gebildete Damaszener Nikolaus, Verfasser eines leider nicht erhaltenen, aber – z. B. gerade von Josephus – viel benützten historischen Werkes von 144 Kapiteln, einer

Augustus-Biographie und einer Autobiographie, wovon nur einige Fragmente erhalten geblieben sind. Kulturpolitisch war Herodes zweifellos vorzugsweise Hellenist, doch wäre es wohl ungerechtfertigt, dies in einen Gegensatz zu seinem Judentum zu setzen, denn zu jener Zeit gab es keine jüdische Richtung, die für sich in Anspruch nehmen konnte, repräsentativ oder gar normativ zu sein, erst in den folgenden anderthalb Jahrhunderten änderte sich – nicht zuletzt durch den Konflikt mit Rom – die Lage eindeutig zuungunsten der bewußt hellenisierenden Richtungen.

Der Tod des Herrschers im Frühling des Jahres 4 v. Chr. beendete eine Ära, denn Rom war nicht geneigt, eine derartige Machtfülle in die Hand eines einzelnen, schwerlich in gleicher Weise romergebenen Vasallen zu geben. Nicht einmal der im Testament des Herodes vorgesehene Teilungsplan, der oben erwähnt wurde, passierte unverändert die römische Instanz.

4. Die Erben des Reiches

Kaum war Herodes der Große nach prunkvollem Begängnis auf Herodion beigesetzt, flackerten Aufstände auf, aber die Familie der Herodianer weilte zum großen Teil in Rom, um Einfluß auf die Erbteilung zu gewinnen. Teile der Söldnerschaft suchten ihr eigenes Süppchen zu kochen, in Jerusalem brach am Passahfest im Tempelareal ein Aufruhr aus, in Emmaus entfachte ein Mann namens Athronges einen Aufstand, in Jericho ein Simon, in Galiläa wurde die alte Rebellensippe wieder aktiv, Judas, Sohn des hingerichteten Hiskia, rief zu den Waffen und eroberte vorübergehend Sepphoris. Es bedurfte zusätzlicher römischer Truppen aus Syrien, um die Ordnung wiederherzustellen. Die Unruhen hatten wahrscheinlich unterschiedliche Beweggründe, aber Endzeithoffnungen dürften im einen oder anderen Fall mitgespielt haben. Augustus bestätigte nach einigem Zögern den wesentlichen Inhalt des herodianischen Testaments, Archelaos (4 v. Chr. – 6 n. Chr.) erhielt also Judäa und

Idumäa, dazu Samaria und die Küste mit Cäsarea, freilich nicht den Titel „König", sondern nur „Ethnarch". Antipas (4 v. Chr. bis 39 n. Chr.) bekam Galiläa und Peräa, die Dekapolis ausgenommen, sowie den Titel „Tetrarch", ebenso wie Philippus (4 v. Chr. – 34 n. Chr.), der die fast ganz nichtjüdischen Gebiete im Nordosten erhielt. Salome, die Schwester des Herodes, erbte zwei Toparchien (Jamnia und Azotos), dazu Phasaelis im Jordantal und den königlichen Palast in Askalon. Einige ältere hellenistische Städte erhielten ihre Autonomie wieder und wurden dem Statthalter von Syrien unterstellt. Die somit ausgewogene Erbteilung ergab dennoch nicht stabile politische Verhältnisse. Der Problemherd war Judäa, denn hier brodelte es in manchen Bevölkerungsgruppen von Anfang an besonders heftig. Die Pharisäer konnten ihre Ressentiments gegen den toten Tyrannen immer noch nicht überwinden und versprachen sich von einer direkten römischen Verwaltung mehr Operationsfreiheit als unter einem jüdischen Vasallenfürsten. Aber gerade die Aufstandsbewegungen nach dem Tod des Herodes bewirkten wieder ein energisches römisches Eingreifen und damit eine weitere apokalyptische Verteufelung Roms in den Augen vieler. Zum Wochenfest kam es unter den Pilgermassen in Jerusalem erneut zu einem antirömischen Ausbruch und in der Folge zur teilweisen Vernichtung der neuen Tempelhofanlagen durch römische Truppen, weil der Widerstand im Tempelbereich besonders erbittert war – Symptom für religiös-endzeitlich motiviertes Verhalten. Zeitweilig geriet die römische Truppe sogar in Bedrängnis und mußte sich im Königspalast verschanzen. P. Quintilius Varus, Statthalter von Syrien, stellte mit nabatäischen Hilfstruppen dann die Ruhe wieder her. Archelaos nahm sein Herrschaftsgebiet somit nur dank römischer Militärmacht in Besitz, benahm sich unsicher und ungeschickt und suchte dies durch Brutalität wettzumachen. Religionspolitisch äußerst unklug war es von ihm, einen offenen Verstoß gegen die traditionellen Inzestgesetze zu begehen, indem er die Witwe seines unter Herodes dem Großen hingerichteten Halbbruders Alexander ehelichte. Andere, auch politisch schwerwiegendere Vorkommnisse scheinen dazu geführt zu haben, daß Vertreter sowohl judäischer wie samaritanischer Gruppen in Rom gegen ihn Klage vorbrachten. Augustus beorderte den Vasallen in die Hauptstadt und setzte ihn nach Anhörung ab. Seine Gebiete wurden als Annex der Provinz Syria einem Praefectus (ab Claudius einem Prokurator) aus dem Ritterstand unterstellt, dessen Sitz Cäsarea war. Eine Volkszählung, vom Senator Quirinius durchgeführt, sollte die Grundlagen für die neue Ordnung – Steuerordnung – schaffen, eine Maßnahme, die alle empörte, die davon ausgingen, daß der Gott Israels allein der Herr des Heiligen Landes und seines erwählten Volkes sei. In Jerusalem war in der Regel nur eine römische Kohorte stationiert, und zwar in der Antonia, am Tempel. Gelegentlich kam der Präfekt bzw. Prokurator auch hierher, vor allem zu den Pilgerfesten mit ihren schwer unter Kontrolle zu haltenden Besuchermassen, und nahm in der Zitadelle oder im Königspalast Quartier. Da dies jedesmal ein Zusammentreffen von jüdischen Massen mit mehr oder minder akuter Gottesherrschaftserwartung und römischem Truppenaufmarsch ergab, war die Gefahr von Zusammenstößen kaum auszuräumen, vor allem, falls die Römer ihre Feldzeichen nicht achtsam vor den argwöhnischen Blicken der jüdischen Umgebung verbargen. Wenn dennoch immer wieder bewußte Provokationen erfolgten, dann wahrscheinlich auf Grund des Umstandes, daß ein beträchtlicher Teil der römischen Soldaten aus der judenfeindlichen näheren Umgebung stammte. Dies hieß, daß in den sich immer häufigeren Konflikten zwischen Juden und Nichtjuden die römischen Truppen als Ordnungsmacht eher zur Parteilichkeit neigten, zumal die radikalen jüdischen Gruppen nun unter dem Eindruck direkter römischer Verwaltung auch die Römer direkt angriffen. Sogenannte Zeloten, terroristische religiöse Eiferer, organisierten sich zu einer neuen religionspolitischen Richtung und trugen das Ihre zur weiteren Vergiftung des Verhältnisses bei, völlig überzeugt, dem Willen Gottes gemäß zu handeln und zum Anbruch der Gottesherrschaft mit beizutragen. Dabei war trotz aller Unzulänglichkeiten, trotz hoher Lasten, nicht zuletzt trotz der skrupellosen Bereicherungspolitik mancher Prokuratoren die Lage für die Juden durchaus nicht schlechter als für andere Völkerschaften. Die Freiheit des religiösen Lebens war sogar in höherem Maß garantiert als unter Herodes, weil nun die jüdischen Interna wieder durch das Notablengremium, das Synhedrion, geregelt werden konnten, wo ein sadduzäischer Hohepriester den Vorsitz führte, die Pharisäer aber offenbar wenigstens zeitweilig eine Mehrheit hatten. Daß Urteile in Kapitalprozessen vom Prokurator bestätigt werden mußten und die Exekution seinen Organen vorbehalten blieb, wie anzunehmen ist, war so gravierend nicht, am ehesten war die römische Kontrolle noch im Zusammenhang mit der Besetzung des hohepriesterlichen Amtes (mit Persönlichkeiten aus vornehmen sadduzäischen Familien) und der öffentlichen, demonstrativen Entfaltung hohepriesterlichen Prunkes spürbar. Die Prokuratoren hielten bis 36 n. Chr. den hohepriesterlichen Ornat unter Verschluß, weil allein die Erscheinung eines Hohepriesters in Amtstracht Unruhe auszulösen imstande war. So gaben die Römer den Ornat nur zu Festtagen heraus, an denen sie ausreichende Kräfte in Jerusalem präsent hatten, um eventuelle Aufwallungen religiös-politischen Eifers unterdrücken zu können. Demgegenüber standen erhebliche Vorteile gegenüber anderen Völkerschaften und Kulten. Die jüdischen Privilegien ermöglichten im gesamten Römischen Reich eine weitgehende Autonomie der Gemeinden, garantierten die gesicherte Ablieferung der eingehobenen Tempelsteuer für Jerusalem, die Befreiung von fremdem Militärdienst, ja von allen Pflichten, die in irgendeiner Weise den Prinzipien und Praktiken der jüdischen Religion zuwiderliefen. Dazu gehörte dann nicht zuletzt die Befreiung vom Reichs- bzw. Kaiserkult; die an dessen Stelle im Jerusalemer Tempel im Namen des römischen Herrschers dargebrachten regelmäßigen Opfer waren keine Zumutung, dergleichen war auch in persischer und hellenistischer Zeit üblich gewesen und bedeutete außerdem eine Erhöhung der Tempeleinnahmen. Nicht die realen Verhältnisse allein waren es, die den nun heraufziehenden, mörderischen Konflikt verursachten, es waren auch ideologisch-religiöse Motive: der mit Inbrunst verfochtene, konkurrierende Anspruch um den Vorrang im Heilsgeschichtsprozeß, der Streit zwischen „Jakob" und „Esau", der erhoffte nahe Übergang vom widergöttlichen „vierten Weltreich" zur messianischen Gottesherrschaft – was immer die einzelnen sich darunter konkret vorstellen mochten. Die im Vaterunser enthaltene Bitte „Dein Reich komme" entsprach gewiß der Sehnsucht eines großen Teils der Juden, einig war man sich jedoch nur darin, daß das Weltreich vergehen müsse, um dem Gottesreich Platz zu machen; über den Charakter des erhofften Gottesreiches brauchte man sich ja erst zu streiten, sobald die Möglichkeit einer Verwirklichung zur Hand schien. Soziale Ressentiments spielten sicher mit hinein, doch sie waren ebensowenig wie andere Realitäten entscheidend, dem antirömischen Widerstand ging es um viel mehr als um Realitäten, um so viel, daß man das Augenmaß für die wirklichen Machtverhältnisse allmählich vollends verlor. Doch muß angesichts der selbstverständlich einseitigen Sicht der späteren jüdischen Geschichtsschreibung hervorgehoben werden, daß ein wahrscheinlich gar nicht unbeträchtlicher Teil der Juden sowohl im Mutterland wie in der Diaspora durchaus einen modus vivendi mit der Umwelt und der „Weltmacht" suchte und fand, allein die Tatsache, daß jüdische Zollpächter bezeugt sind, weist auf eine Schicht, die auch zu aktiver Kollaboration bereit war. Wie schon zwei Jahrhunderte zuvor wurde auch jetzt der Kampf gegen die Weltmacht zugleich zu einem innerjüdischen Streit blutigen Ausmaßes.

Die Präfekten bzw. Prokuratoren gehörten nicht zur Elite der römischen Politik. Am bekanntesten ist Pontius Pilatus, der 26–36 n. Chr. amtierte und offenbar wenig Fingerspitzengefühl und Skrupel hatte. Er provozierte gelegentlich bewußt die Empörung traditionsverbundener Juden. Diese fanden es allerdings sogar verdammenswert, daß Pilatus dem Tempelschatz Geld für eine neue Wasserleitung entnehmen lassen wollte – man reagierte auf allen Seiten auf abnorme Weise, wähnte sich jüdischerseits weithin in der Ausnahmesituation der „letzten Zeit", und römischerseits sah man überall feindseligen Widerstand und unbegreifliche religiöse Sturheit. In diesem Klima trat Jesus von

Nazareth auf, von der offiziellen Umwelt als einer der üblichen messianischen Propheten bzw. Prätendenten für die erhoffte Gottesherrschaft betrachtet und daher sowohl dem jüdischen Establishment, vertreten im Synhedrion, wie dem römischen Prokurator politisch verdächtig und lästig. Vor allem Drohworte gegen die in Teilen noch immer nicht vollendete großartige Tempelanlage wurden als gefährlich gewertet, wahrscheinlich wurde die Infragestellung des Irdischen (der „Welt") mittels Androhung der Tempelzerstörung eben als besonders markante revolutionäre Tendenz empfunden und entsprechend beurteilt. Pilatus wurde schließlich wegen willkürlicher Maßnahmen gegen Samaritaner seines Amtes enthoben. Aber obwohl sich der Legat von Syrien 36 n. Chr. bemühte, die jüdischen Emotionen zu dämpfen, Abgabenerleichterungen verfügte und den hohepriesterlichen Ornat freigab, schwoll die Romfeindschaft stetig an. Römische Truppenbewegungen mit Feldzeichen ergaben jedesmal Konflikte. Als Kaiser Caligula (37–41) auf Tiberius folgte, erhoffte man sich weithin positive Veränderungen, aber gerade dieser Kaiser förderte den Herrscherkult und in Alexandrien wie in Palästina kam es wegen der Frage der Kaiserbilder zu heftigen Auseinandersetzungen im Jahr 38 n. Chr. Dabei waren es vor allem einheimische Nichtjuden, die jeweils für den eigentlichen unmittelbaren Konfliktstoff sorgten, indem sie Kaiserbilder in Synagogen aufzustellen forderten oder gar gewaltsam versuchten. Die Vorfälle widersprachen nicht nur den geltenden jüdischen Privilegien, sie waren geeignet, die apokalyptische Einschätzung der Gegenwart ins Extrem zu treiben. Die Empörung und verzweifelte Opferbereitschaft der jüdischen Massen war so eindrucksvoll, daß der römische Statthalter Syriens, Publius Petronius, in Akko die Sinnlosigkeit eines religiösen Zwanges erkannte, aus eigenem Ermessen die Einstellung aller Aktionen mit Kaiserbildern befahl, und durch Verhandlungen Zeit zu gewinnen versuchte. In Rom hatte mittlerweile eine jüdische Delegation aus Alexandrien verhandelt und der spätere judäische König Herodes Agrippa seinen Einfluß geltend gemacht. Caligula ordnete noch selber Korrekturen der römischen Maßnahmen an, starb bald darauf durch Mörderhand, und sein Nachfolger Claudius (41–54) stellte unverzüglich die alte Rechtslage wieder voll her. Mehr noch, Herodes Agrippa, der sich als Freund bewährt hatte, erhielt die Gebiete der Prokuratur Judäa/Idumäa/Samaria mit dem Titel eines Königs zugesprochen, nachdem er unter Caligula bereits 37 n. Chr. die Tetrarchien des Philippus und Antipas sowie den Titel „König" erhalten hatte.

Herodes Antipas war ein ehrgeiziger – er hatte gehofft, die Königswürde zu erben –, aber nicht sonderlich fähiger Fürst gewesen. In seiner Bautätigkeit eiferte er dem Vater nach, errichtete eine neue Hauptstadt, Tiberias, allerdings zum Teil auf altem Friedhofsgelände, was fromme Juden von der Ansiedlung abhielt. Doch verteidigte er jüdische Belange selbst außerhalb seines Gebietes, so gegenüber Pilatus, als die Einführung von Votivschildern im Königspalast von Jerusalem zu Protesten führte. Auch er beging den Fehler, mit einer provokativen Eheschließung die Frommen zu verärgern, er ließ sich von seiner ersten Frau, einer Nabatäerprinzessin, scheiden, was politisch nicht klug war und einen Krieg nach sich zog, und heiratete Herodias, eine Verwandte, vorher Frau seines Halbbruders. Die Kritik, die man deshalb an ihm übte, wurde brutal unterdrückt, Johannes dem Täufer kostete sie den Kopf. Die geltungssüchtige Herodias verursachte auch weiterhin nur Unheil. Sie ärgerte sich über den unter Caligula einsetzenden Aufstieg des Agrippa und veranlaßte ihren Mann zu Intrigen bei Hof. Doch Caligula erhielt von der Gegenseite Informationen über geheime Waffendepots des Antipas, und damit verlor dieser seine Tetrarchie an Agrippa.

5. König Herodes Agrippa I.

Die Juden hatten somit für die Jahre 41–44 wieder einen mächtigen König, einen wirklichen Nachfolger Herodes des Großen, aber einen, der es verstand, sich mit den Pharisäern gutzustellen und auch in breiteren Kreisen Sympathien zu erwerben, ein kluges und umsichtiges Verhalten, das man von ihm angesichts seiner recht bewegten Jugendzeit nicht erwarten durfte. Er war der Sohn des ca. 7 v. Chr. hingerichteten Mariammesohnes Aristobul, hatte also Hasmonäerblut in sich, und seine Mutter war Berenike, Tochter der Herodesschwester Salome und des hingerichteten Idumäers Kostobar. Freilich, den römischen Rahmen vermochte er nicht zu sprengen. Als er die Mauern Jerusalems zu erweitern begann, intervenierte der Statthalter Syriens, und der Kaiser befahl, die Arbeiten einzustellen. Und als Agrippa eine Konferenz von fünf vorderorientalischen römischen Vasallenherrschern einberufen wollte, reagierte der Statthalter Syriens recht brüsk und befahl den in Tiberias erschienenen hohen Gästen persönlich, sich nach Hause zu bequemen; Außenpolitik war Sache Roms, zumal das Partherreich genug Sorgen an der Ostgrenze bereitete.

Das NT kennt Agrippa als Verfolger der jungen Christengemeinden, das heißt, er kümmerte sich intensiv um innerjüdische Belange, anders als sein Großvater, und in den Augen seiner nichtjüdischen Untertanen galt er als judenfreundlich, obschon er keine Kosten scheute, um auch in nichtjüdischen Gebieten als hellenistischer Herrscher im Stil seines Großvaters zu brillieren, ja seine Münzen trugen dort sogar Bildnisse. Allem Anschein nach nahmen fromme Juden diese hellenistische Seite des Königs übel, denn Josephus (ant XIX, 343 ff.) stellt den plötzlichen Tod Agrippas in Cäsarea als göttliche Straffolge für eine gewisse Neigung zur Tolerierung einer hellenistischen Herrscherverehrung dar, und eine Variante dieser Erzählung findet sich auch im NT (Apg 12, 19 ff.). Da der Königssohn Agrippa zu der Zeit erst etwa siebzehn Jahre alt war, entschied Claudius, die Gebiete wieder direkter römischer Verwaltung zu unterstellen, und damit fand die unglückliche Zeit der Prokuratoren eine noch unseligere Fortsetzung. Der junge Agrippa blieb zunächst in Rom, verwandte sich da auch für seine Glaubensbrüder, z. B. intervenierte er mit Erfolg, als der erste Prokurator wieder den hohepriesterlichen Ornat in Verwahrung nehmen wollte, und dann übernahm er als Erbe das kleine Königtum seines Onkels, Chalkis, und erhielt gewisse Rechte in jüdischen Fragen, vor allem das Recht der Ernennung von Hohepriestern. 53 n. Chr. bekam er statt Chalkis die Tetrarchie des Philippus und einige andere benachbarte Gebiete, die bis ins östliche Galiläa und nördliche Peräa reichten.

6. Judäa unter den letzten Prokuratoren (44–66 n. Chr.)

Der Rückschlag, den die neuerliche Konfrontation mit der unmittelbaren römischen Verwaltung für das Empfinden breiter jüdischer Kreise mit sich brachte, bewirkte vor allem eine noch größere Erregbarkeit der ohnedies durch Endzeiterwartungen in Spannung versetzten Volksteile. Cuspius Fadus, Prokurator bis 46 n. Chr., mußte mit Waffengewalt eine messianische Bewegung unter einem gewissen Theudas unterdrücken, den er gefangensetzen und enthaupten ließ. Auch sein Nachfolger, ein vornehmer hellenistischer Jude aus Alexandrien, Tiberius Julius Alexander (bis 48 n. Chr), Neffe des alexandrinischen jüdischen Religionsphilosophen Philo, hatte als römischer Prokurator viel Ärger, und zwar mit der notorischen galiläischen Rebellenfamilie des Judas, dessen Söhne Jakobus und Simon er kreuzigen ließ. Unter Ventidius Cumanus (48–52?) spitzte sich die Lage zu. Zu Festzeiten war in Jerusalem die Stimmung immer brisant. Eine provokative Handlung eines römischen Soldaten genügte einmal, um eine protestierende Menge vor dem Prokurator aufmarschieren zu lassen, der schließlich Befehl gab, mit Waffengewalt einzugreifen, was zahlreiche Opfer forderte. Zelotische Überfälle häuften sich nun. Die Wut der andauernd bedrohten und beschimpften Soldaten gegen die Juden wuchs dementsprechend, und gleichzeitig nahm die Spannung zwischen Juden und Nichtjuden in gemischten Gebieten allgemein zu. Hinzu kamen Querelen zwischen Juden und Samaritanern. Ein samaritanischer Überfall, den der Prokurator ahndete, zog jüdisch-zelotische Gegenangriffe mit grausamen Racheakten nach sich. Beide Parteien beschwerten sich beim Statthalter von Syrien, Quadratus, der dann persönlich einschritt und zahlreiche Gewalttäter beider Lager hinrichten ließ. Cumanus, der in der Sache eine zwielichtige Rolle gespielt hatte, verlor sein Amt. Antonius Felix, der etwa von 52–60 n. Chr. amtierte, wurde mit dem Amt auf ausdrücklichen Vorschlag des Hohepriesters betraut, doch die Erwartungen trogen, denn der ehemalige Freigelassene gebärdete sich wie ein Despot und sammelte als Gemahlinnen Töchter aus Fürstenhäusern. Seine Willkür rechtfertigte für immer weitere Kreise die Terroranschläge der Zeloten, obwohl Felix den Zelotenführer Eleazar gefangensetzen und nach Rom liefern konnte. Nun entstanden laut Josephus noch radikalere Gruppen, die Sikarier, die sich auf mörderische Einzelüberfälle auf Römer und Römerfreunde spezialisierten. Wundergläubigkeit und religiös-politischer Fanatismus verstellten immer mehr den Blick für das Mögliche, der Aufruhr drohte an allen Ecken und Enden. Ein Jude aus Ägypten führte eine große Zahl von Leichtgläubigen in die Wüste, um von dort aus die Heilszeit einzuleiten; sie fielen dem energischen römischen Eingreifen zum Opfer oder wurden als Sklaven verkauft. Es ist im nachhinein leicht, den Römern und ihrer Härte die Schuld an der Eskalation zuzuschreiben, doch erfordert es die historische Einsicht, die Ausweglosigkeit dieses religiös-politischen Fanatismus der militanten jüdischen Kreise klar herauszustellen. Hier war mit Konzessionen, die den Alltag erträglicher machen konnten, nichts getan, es ging allmählich um die große, in den Augen der Rebellen endgültige, unvermeidliche Kraftprobe zwischen dem verhaßten Weltreich und den Verfechtern der Gottesherrschaft – ohne Möglichkeit eines Kompromisses. Höchst offensiv verfuhren auch jüdische Bevölkerungsteile in gemischten Gebieten. In Cäsarea brach ein Konflikt um den Rechtsstatus der jüdischen Gruppe aus, der ähnlich wie in Alexandrien zunächst um die Gleichrangigkeit der jüdischen Gruppe mit der „griechischen“ bzw. „syrischen“, daneben aber in Einzelfällen auch um die Kumulation von jüdischen

Privilegien und Rechten hellenistischer Polisbürger ging. Felix griff auch in Cäsarea hart ein und stellte den alten Zustand zum Ärger der bereits recht erfolgreich kämpfenden Juden wieder her, ein kaiserliches Reskript bestätigte dann den Status quo, während Felix bereits abberufen und Porcius Festus (bis 62) ernannt war. Dieser ließ den unter Felix festgesetzten Apostel Paulus nach Rom bringen, hatte fortlaufend mit messianischen und zelotischen Umtrieben zu tun. Eifer trieb auch die Jerusalemer Priesterschaft dazu, den Abbruch eines Turmes zu verlangen, den der junge Agrippa, Sohn des jüdischen Königs, mittlerweilen selbst König von Chalkis, am Hasmonäerpalast hatte erbauen lassen, um von dort den Betrieb in den Tempelhöfen zu beobachten. Der Prokurator Festus fand nichts dabei, aber in Rom erreichte eine jüdische Abordnung einen kaiserlichen Befehl, der dem König diese Beobachtungen untersagte. Als Festus das Land verließ, stand es im Grunde bereits in Flammen. Der Hohepriester nützte die Chance und ließ Christen verfolgen, wobei Jakobus der Gerechte den Märtyrertod fand. Allerdings war der neue Prokurator Albinus (62–64) nicht bereit, den Übergriff in der Kapitalgerichtskompetenz hinzunehmen und setzte bei König Agrippa II. die Absetzung des selbstherrlichen Hohepriesters (Ananos) durch. Aber schon waren jene Kräfte stärker, die dann auch den hohepriesterlichen Familien gefährlich werden sollten. Die Sikarier wurden immer kühner, nahmen Geiseln und tauschten dafür Gefangene aus, mehr oder minder gewalttätige Gruppen tyrannisierten das Land, die herrschende Unordnung und Unsicherheit beeinträchtigte den normalen Ablauf der Verwaltung und der kultischen Frömmigkeitspraxis, verhinderte die Priesterabgaben, worauf die verantwortlichen Priester wieder mit gewaltsamen Eintreibungen reagierten. Ein Hohepriester, Jeschua b. Dammaj, wehrte sich mit Gewalt gegen seinen Amtsnachfolger Jeschua b. Gamliel. Der Prokurator stand dem allem hilflos gegenüber und begnügte sich angeblich damit, seinen persönlichen Vorteil zu sichern, doch verdient die Schilderung des Josephus nicht volles Vertrauen. Zuletzt entließ Albinus alle Gefangenen, die meisten fanatische Fromme, von Gegnern als „Räuber" abqualifiziert, in der Praxis – wenigstens für ihre Opfer – bestimmt tatsächlich nicht viel anderes. Dieser Pazifizierungsversuch schlug daher fehl. In solch verfahrener Situation übernahm die Prokuratur Gessius Florus (64–66), dem Josephus nichts Gutes nachzusagen wußte. Er plünderte angeblich ganze Gebiete und Städte aus, doch dürfte dies ohne Veranlassung kaum möglich gewesen sein, wahrscheinlich war der Aufruhr nunmehr überhaupt nicht mehr zu meistern, Römisches Reich oder Gottesreich hieß die Scheinalternative, die sich die frommen Fanatiker eingeredet hatten.

7. Der erste judäisch-römische Krieg (66–70 n. Chr.)

Die chaotischen Zustände forderten allenthalben zu neuen Übergriffen aller gegen alle heraus. In Cäsarea, wo der Streit um die Gleichrangigkeit bzw. um den Vorrang der Bevölkerungsgruppen immer heftigere Formen angenommen hatte, herrschte Bürgerkrieg. Die Juden vermochten dabei schließlich nicht standzuhalten und mußten nach hohen Verlusten aus Cäsarea weichen. In anderen hellenistischen Städten wie Akko/Ptolemais, Skythopolis und Askalon kam es zu ähnlichen blutigen Vorgängen. Umgekehrt siegten Juden in anderen gemischt bevölkerten Orten. Der Prokurator Gessius Florus hatte laut Josephus in erster Linie seinen persönlichen Vorteil im Sinn und vergriff sich sogar am Tempelschatz, den Protest der Jerusalemer Massen mit Waffengewalt niederschlagend, wobei die römischen Soldaten, mehrheitlich wohl der judenfeindlichen Umgebung entstammend, in grausamer Weise verfuhren. Ein zweites Gemetzel folgte bald darauf, als Florus den Jerusalemern befahl, zwei einrückende römische Kohorten festlich zu empfangen, aber diesmal zogen die römischen Truppen den Kürzeren, wurden aus dem Tempelbergareal vertrieben und mußten sich teils in die Festung Antonia, teils mit Florus nach Cäsarea zurückziehen. König Agrippa eilte von Alexandrien herbei, um seine Glaubensbrüder vor einem Aufstand gegen Rom zu warnen, aber seine Worte fanden bei zu wenigen Gehör, die Radikaleren setzten sich durch und der König begab sich nach Norden in sein kleines Reich. Die Weichen waren gestellt, die realistisch denkenden und Roms Macht nüchtern einschätzenden Juden bestimmten nun nicht mehr den Lauf der Ereignisse, sie fanden sich schließlich sogar wie König Agrippa selbst bald auf der römischen Seite der Front gegen ihre fanatisierten Glaubensbrüder kämpfend. Ausschlaggebend waren einige Aktionen der Zeloten, die von Galiläa ausgehend Erfolge zu verzeichnen hatten, einer ihrer Anführer, Menachem, konnte unter anderem die Bergfestung Masada einnehmen. Auch in der vornehmeren Priesterschaft brach nun die Romfeindlichkeit durch, und mit dem formellen Beschluß, die täglichen Opfer für Kaiser und Reich einzustellen, wurde Roms Oberherrschaft demonstrativ in Abrede gestellt. Wohl versuchten die Gemäßigten, sich zur Wehr zu setzen, doch vergeblich, das Ergebnis war nur, daß die Rebellengruppen um so grimmiger wüteten und Juli/August 66 triumphierten sie sogar über die Besatzung der starken Burg Antonia. Agrippas kleine Truppe im Königspalast handelte sich freien Abzug aus, die römischen Soldaten zogen sich in die benachbarte Zitadelle zurück, und somit war die Stadt schutzlos den wütenden Fanatikern preisgegeben. Der amtierende Hohepriester wurde inzwischen gefaßt und ermordet, und als die römischen Soldaten in der Zitadelle ebenfalls freien Abzug aushandelten, wurden sie nach Ablegung der Waffen brutal niedergemetzelt. Der Haß kannte keine Grenzen, der Triumph, Jerusalem, die Heilige Stadt, nunmehr ganz „befreit" zu haben, schien göttlichen Beistand zu bezeugen und zu verbürgen. Inzwischen waren im ganzen Land Kämpfe zwischen Juden und Nichtjuden im Gang. Der Statthalter von Syrien, Cestius Gallus, entsandte die zwölfte Legion mit zahlreichen Hilfstruppen nach Judäa, darunter auch Einheiten des jüdischen Königs Agrippa. Es gelang ihnen zwar, im Oktober Jerusalem weitgehend zurückzuerobern, aber sie scheiterten an den furiosen Gegenangriffen der Rebellen vom Tempelberg und von der Antonia aus. Da die Kräfte für eine längere Belagerung – noch dazu während des bevorstehenden Winters – nicht ausreichten, befahl Gallus den Rückzug, doch im schwierigen Gelände, vor allem bei Bet Horon, verlor er beinahe seine ganze Truppe durch andauernde Angriffe der Aufständischen. Der Triumph der Kriegspartei war vollkommen, Judäa praktisch „befreit", und so datierte man nun auch neue Münzen nach den Jahren (ab 1. Nisan 66) der „Freiheit" Israels. Der Aufstand hatte außerdem insofern ein neues Gesicht erhalten, als es in Jerusalem gelungen war, die Zeloten unter Menachem zu besiegen, der flüchtige Rest verschanzte sich auf Masada. Die herrschenden politischen Kräfte, die vornehmen Priesterfamilien und pharisäische Gruppen, hielten das Heft wieder in Händen, und unter dem Eindruck der errungenen Erfolge beschlossen sie, den Krieg gegen Rom nun auch zu ihrer Sache zu machen, vielleicht durch Hoffnungen auf politisch-militärische Vorgänge im weiteren Umkreis im Glauben an einen Erfolg gegen Rom bestärkt. Doch die Parther brachten nicht die erwartete Entlastung, und nun war es nur eine Frage der Zeit, bis Rom seine Reserven und damit seine Übermacht mobilisieren konnte.

In Judäa rüstete man offiziell für den zu erwartenden Krieg. Anders als die unberechenbaren Zeloten handelte und plante man bedächtig, im Sinne traditioneller Kriegführung, und insofern gerade unvorteilhaft, denn nach dieser Strategie war Rom auf alle Fälle im Vorteil. Josephus, der spätere Historiker, Sohn einer vornehmen Priesterfamilie, erhielt das Kommando über Galiläa und hatte dort für Befestigungen und Kriegsvorbereitungen zu sorgen, den Süden (Idumäa) befehligten zwei Brüder aus der hohepriesterlichen Familie, ein Manasse war verantwortlich für Peräa im Osten und Josef b. Simon für die Oase von Jericho. An der Küste waren Johannes der Essener und in Gophna und Akraba Johannes b. Chananja die Befehlshaber. Die Gesamtplanung der Kriegsvorbereitungen lag in den Händen des Alt-Hohepriesters Ananos und des Joseph b. Gorion. Die am meisten gefährdeten Bereiche, aber auch die schwächsten Stellen im Ganzen, waren Galiläa und die Küstenebene. Josephus hatte nach seinem Bericht zwar eine größere Anzahl von

Orten in Galiläa befestigt, doch haben die archäologischen Untersuchungen bisher davon nicht viel bestätigen können. Die Autorität des jungen Priestersohnes galt bei den galiläischen Juden, von denen viele dem Zelotismus zuneigten, nicht viel, Johannes von Gischala dominierte hier. Andere Juden in gemischten Siedlungen hatten wenig Neigung, sich auf Auseinandersetzungen mit ihren nichtjüdischen Mitbewohnern einzulassen und verweigerten den Gehorsam oder fügten sich nur zum Schein. Am effektivsten waren die Verstärkungen, die man an den Befestigungen Jerusalems vornahm. Die sogenannte „Dritte Mauer" im Norden, die Agrippa I. nicht weiterbauen durfte, wurde nun fertiggebaut und so das gefährliche Aufmarschgebiet im Norden der Stadt abgesichert.

Die Ernennung des Heerführers Titus Flavius Vespasianus zum Oberkommandierenden in Palästina deutete bereits den Ausgang des Krieges an, denn er führte seine Operationen auf sorgfältig vorbereitete und umsichtige Weise durch. Von Ptolemais aus wurde früh im Jahr 67 die Offensive begonnen, Ort um Ort mit erdrückender Übermacht belagert und ausgehoben, manche Städte beeilten sich, ihre Unterwerfung anzubieten, so auch der galiläische Hauptort Sepphoris. Nur einmal, zu Beginn des Feldzugs bei Jotapa, erwies sich eine römische Abteilung als zu schwach, der Erfolg verleitete Josephus anscheinend zu einer allzu kühnen Kraftprobe bei einem (nicht genau zu identifizierenden) Ort Garis, und damit war Galiläa praktisch verloren. Josephus wurde in Jotapa belagert und ergab sich dann unter undurchsichtigen Umständen, ja es gelang ihm, angeblich dank der kühnen Eingebung, Vespasian die Kaiserwürde vorherzusagen, sein Leben zu retten. Von da an vertrat er jene jüdische Linie, die den Ausgleich mit Rom befürwortete, und dabei war er wohl ebensowenig wie König Agrippa ein Einzelfall, es war ja kein Krieg aller Juden gegen Rom. In der Diaspora blieb es auffällig ruhig, von Alexandrien abgesehen, wo aber eine ähnliche Problematik wie in Cäsarea vorlag, also vor allem der Gegensatz zwischen Juden und „Griechen" maßgeblich war. Das messianische Fieber erfaßte nicht gleichzeitig alle Teile des

Judentums. Nur aus Adiabene, dessen Herrscherhaus erst kürzlich zum Judentum übergetreten war, traf eine Abteilung berittener Truppen ein, doch das war eher eine Aktion im Spannungsfeld zwischen Partherreich und Rom als ein Ausbruch messianischer Aktion. Nachdem Vespasian die Küste abgesichert hatte, unterwarf er den Nordosten und unterband damit die Verbindungen nach Mesopotamien. Als Vespasians Sohn Titus auch das Zelotennest Gischala in Obergaliläa aushob, dessen Anführer Johannes nach Jerusalem entkam, und die Festungen Gamala und Tabot gefallen waren, konnte Vespasian in aller Ruhe dem Winter 67/68 entgegensehen und das Augenmerk auf Judäa selbst richten. Dort herrschte nach der Ankunft des radikalen Johannes von Gischala neue Verwirrung. Er beschuldigte die offizielle Führung der Unfähigkeit, ja sogar der Verräterei. Mit mörderischer Entschlossenheit besetzten die Radikalen den Tempelberg und wählten durch Losentscheid einen Priester, Phanni (hebräisch Pinchas), zum Hohepriester, vielleicht in bewußter Anlehnung an den biblischen Priester-Eiferer Pinchas (Num 25). Bemerkenswerterweise gingen idumäische Truppen zu den Radikalen über, die so die Macht in Jerusalem errangen. Zahlreiche Notable wurden umgebracht, die Bevölkerung terrorisiert.

Währenddessen zog Vespasian die Schlinge um Judäa weiter zu, indem er auch die südlichen Küstengebiete besetzte und im Frühjahr 68 Ort für Ort das östliche Hinterland, Peräa und das Jordantal eroberte. Dann schob er die Front von der Küste her gegen Osten vor und erreichte in einer Zangenbewegung im Süden Hebron, dann im Norden Sichem/Nablus, und anschließend nahm die zehnte Legion in Jericho Quartier. Die Nachfolgewirren nach dem Tod Neros im Frühsommer 68 verzögerten die weiteren Operationen, nur der Bürgerkrieg unter den Juden selbst tobte weiter. Simon b. Giora verband sich mit den Zeloten auf Masada und besetzte mit Hilfe idumäischer Truppenteile den Süden und schließlich einen Teil Jerusalems. Die Römer rückten schrittweise im Süden und Norden den weichenden jüdischen Kräften nach und engten den Ring um Jerusalem mehr und mehr ein. Anfang Juni 69 war Vespasian zum Kaiser ausgerufen worden, und daher war er für einige Zeit mit anderen militärischen Unternehmungen beschäftigt. Im Frühling 70 aber hatte er sein Ziel in Rom erreicht, und nun erhielt sein Sohn Titus den Auftrag, den judäischen Feldzug zu Ende zu führen. Er ist es denn auch, den die jüdische Überlieferung für den Krieg und seinen Ausgang als einen der Erzbösewichte der Geschichte für verantwortlich hielt. Aber dieselben Kreise, die später Titus so einstuften, waren zu der Zeit selbst Opfer des radikalen jüdisch-zelotischen Terrors in Jerusalem, wo ein Simon b. Eleazar vom Tempelberg aus seine Herrschaftsansprüche durchzusetzen suchte. Viele Jerusalemer verließen die Stadt und begaben sich in römisch beherrschte Gebiete, auch gemäßigte Pharisäer, der Überlieferung nach auch Jochanan ben Zakkaj, eine der wichtigsten Persönlichkeiten der Nachkriegszeit, dem die Römer die Niederlassung in Jamnia und die Einrichtung einer rabbinischen Schule gestatteten, Kern einer künftigen Reorganisation des Judentums überhaupt. Auch die – zahlenmäßig nicht ins Gewicht fallenden – Judenchristen hatten Judäa verlassen und im Ostjordanland Zuflucht gesucht. Kennzeichnend ist auch, daß nun außer König Agrippa und Josephus noch ein weiterer prominenter Jude auf römischer Seite tätig war, nämlich der ehemalige Prokurator Tiberius Julius Alexander, zu der Zeit Präfekt der wichtigen Provinz Ägypten, und zwar als stellvertretender Befehlshaber nach Titus. Nun postierte sich allmählich um Jerusalem eine gewaltige Belagerungsarmee, deren Anblick die rivalisierenden Gruppen in der Stadt dann doch zu einem Kompromiß und zu einer Verteilung der Verteidigungsaufgaben bewegte. Trotzdem gingen die Querelen weiter, und zum Passahfest im Jahre 70 besetzte Johannes von Gischala die inneren Tempelhofanlagen, wahrscheinlich im Vertrauen auf irgendein Wunder. Das wäre angesichts der Kräfteverhältnisse auch nötig gewesen, denn über 50 000 römische Soldaten mit ausgezeichneten Nachschubverbindungen standen den abgeschnittenen 23 000–24 000 Verteidigern gegenüber, von denen etwa 5000 Idumäer waren, die mit den ca. 10 000 Zeloten unter Simon sympathisierten, und rund 8500 Anhänger des Johannes von Gischala, mit dem sich die Gefolgsleute des Eleazar vereinigt hatten. Die blinde, religiös fanatisierte Kampfwut der Zeloten und Sikarier ließ einen großangelegten Angriff der Römer auf die Bereiche der Zitadelle im Westen der Stadt und auf die Antonia im Nordwesten der Tempelanlage, die beiden wichtigsten Verteidigungspunkte, scheitern, nur das Vorfeld innerhalb der „Dritten Mauer" wurde erobert. Titus wählte daher den langwierigeren, aber unblutigeren Weg der totalen Belagerung und Einwallung, nachdem er zwar noch die „Zweite Mauer" nehmen konnte und somit im Westen und Norden unmittelbar den kritischen Zugangsbereich zum Tempelberg erreichte, wo die Burg Antonia aber allen Angriffen standhielt. Die Belagerten gaben nicht auf, obgleich Josephus ihnen angeblich in bewegenden Worten zuredete, sich der Übermacht zu beugen. Trotz katastrophalen Proviantmangels harrten sie aus und hofften auf die rettende Wende. Aber spät im Juli fiel die Burg Antonia, und damit war der Weg über die Nordweststrecke auf die Dächer der Einfassungsbauten des Heidenhofes offen. Den Belagerten blieb nichts anderes übrig, als das Gebälk des Hofflügels in Brand zu stecken, um die vordringenden Belagerer zurückzutreiben. Am 28. August standen diese vor den Mauern der inneren Hofanlage, am 30.(?) August, den 9. Ab, nach der Tradition auch das Datum der Zerstörung des ersten Tempels durch die Babylonier, fielen die letzten Widerstandsnester am Tempelberg, und der Tempel selbst ging – angeblich aus Versehen – in Flammen auf. Der Rest der Verteidiger in der Unter- und Oberstadt hatte keine Chance mehr, doch hielt sich die Oberstadt noch einen vollen Monat lang. Der Krieg war zu Ende, es blieben nur noch einige Widerstandsnester im Lande.

Josephus sprach von einer Million Kriegstoten, was insgesamt, für Juden und Nichtjuden, eventuell zutrifft, aber für die jüdische Seite allein wohl zuviel ist. Fast 100 000 gefangene Juden wurden als Gefangene verkauft, fanden in der Diaspora aber früher oder später jüdische Gemeinden, die sie wieder loskauften. Selbst gemäßigten Juden erschien das Schicksal Jerusalems in apokalyptischen Dimensionen: Rom, die tempelzerstörende Weltmacht, war für sie das zweite Babylon, die Danielsche Vision vom vierten Reich bzw. Tier verlor in nichts ihre faszinierende Kraft und blieb der vorherrschende Schlüssel für die Deutung der Geschichte. „Esau“ war vorerst zwar der Stärkere, aber Segen und Erstgeburtsrecht blieben dennoch Jakob – und wie auf das babylonische Exil ein neuer Anfang gefolgt war, so konnte man auch nun hoffen, daß das zweite Babylon, das „vierte Reich“, in angemessener Zeit (etwa analog zum babylonischen Exil 70 Jahre?) fallen und dem Gottesreich Platz machen werde. Titus aber feierte in Rom seinen Triumph und ließ die erbeuteten Tempelgeräte samt zahlreichen Gefangenen den jubelnden Römern im Triumphzug zeigen. In Judäa fielen alsbald die restlichen Zelotennester auf den Festungen Herodion und Machaerus, nur Masada hielt stand, praktisch uneinnehmbar und auch nicht auszuhungern. Im Frühjahr 74 zog Flavius Bassus um den ganzen Berg eine Belagerungsmauer und schnürte ihn somit hermetisch ab. Den Ausschlag gab die Aufschüttung eines riesigen Walles auf der westlichen Seite der Bergfestung. Als dieser Wall die Höhe der Einfassungsmauer des Bergplateaus erreichte, verzweifelten die zelotischen Verteidiger und beschlossen in ihrem fanatischen Aberwitz den kollektiven Selbstmord im Sinne eines Auslosungsverfahrens. Als die Römer zum Sturm ansetzten und in die Festung eindrangen, bot sich ihnen ein Bild des Grauens. Der Krieg gegen die Weltmacht war verloren, doch diese Weltmacht hatte nicht gegen das Judentum Krieg geführt, sondern gegen die rebellischen Bevölkerungsteile einer Provinz. Die Zeloten, die in Roms Herrschaft nur eine apokalyptisch verzerrte Perversion der legitimen heilsgeschichtlichen Machtverhältnisse sahen, hatten sich gründlich geirrt: Rom verfolgte nicht die Juden und das Judentum. Erbitterung über die fanatische und so unsinnige Kriegführung der Rebellen war allerdings vorhanden, man wollte in Zukunft auf der Hut sein und diese Provinz sorgfältiger verwalten. So wurde sie bereits während des Krieges von der Provinz Syria abgetrennt und einem eigenen prätorischen Statthalter anvertraut, außerdem wurde eine ganze Legion in Jerusalem stationiert.

Die weltpolitische Bedeutung dieses Krieges bestand nicht bloß in dem beachtlichen Beispiel, das eine aufrührerische Provinz im Widerstand gegen Roms Macht bot. Der Krieg brach 66 n. Chr. zu einer Zeit aus, als Rom sowohl im Blick auf Nubien/Äthiopien wie im Blick auf den Mittleren Orient ehrgeizige Pläne bis zur Ausführungsreife vorangetrieben hatte und unmittelbar vor der Eroberung des Mittleren Orients nach dem Vorbild der Eroberungen Alexanders des Großen stand. Der jüdische Aufstand verhinderte die Ausführung dieses Vorhabens.

Die Tempelzerstörung wird in der jüdischen Geschichtsschreibung – ebenso wie die erste unter Nebukadnezar – als epochale Zäsur betrachtet, und dies mit guten Gründen. Mit dem Ende des Tempels und des Opferkults verlor die bisher maßgebliche soziale Schicht, die Priesterschaft und das übrige Kultpersonal, ihre Funktion und ihre ökonomische Basis, folglich auch ihren Einfluß. Die zelotischen Kräfte waren weitgehend vernichtet oder als Gefangene über das ganze Reich zerstreut. Die Assimilanten und mit Rom kollaborierenden Kreise hatten nunmehr die Oberhand, doch ihnen standen Gruppen gegenüber, die das Erbe der Tradition hochhielten, ohne die realen Machtverhältnisse zu verkennen, vor allem jene gemäßigten pharisäischen Kreise, die schon während des Krieges dem sinnlosen Zelotenkrieg den Rücken gekehrt hatten und überzeugt waren, daß der Weg zum messianischen Ziel noch nicht erreicht bzw. mit zelotischen Methoden auch nicht zu erreichen war. Vordergründige politisch-militärische Geschichtsschreibung könnte das Jahr 70 n. Chr. zwar als Katastrophe und Ende der jüdischen Eigenstaatlichkeit in der Antike beschreiben, auf lange Sicht hingegen erhielten damals jene Kräfte die Möglichkeit zur Entfaltung, die das spätere Judentum grundlegend prägten. Und die Zerstörung des Tempels sollte sich noch zum Vorteil auswirken, später nämlich, als aus der heidnischen Umwelt eine monotheistische Umwelt geworden war. Denn mit einem funktionierenden Tempelkult hätte das Judentum als Religion schon in einer rein christlichen Umgebung, also in byzantinischer Zeit, in etwa den Eindruck gemacht, den heidnische Kulte oder bestenfalls die Samaritaner machten, es hätte schwerlich seine spätere Bedeutung erlangen können. Die Katastrophe ersparte eine innerjüdische Reform, die angesichts des Gewichts der kultischen Komponente wahrscheinlich niemals in ausreichendem Maß durchzusetzen gewesen wäre.

B. DIE ZEIT DES ÜBERGANGS (70–138 n. Chr.)

1. Die Neuordnung in Judäa

Die Kriegsfolgen bestanden für die Juden nicht bloß in einer hohen Zahl von Toten und in materiellen Verlusten. Obwohl der Parteienzwist das Volk im Inneren heillos zerteilt hatte, war bis zum Krieg für innerjüdische Angelegenheiten doch eine jüdische Selbstverwaltung zuständig gewesen, dessen Spitze, das Synhedrion, auch den Rest einer politischen Autonomie verkörpert hatte. In ihm repräsentierten Sadduzäer und Pharisäer immerhin den Konsens des wohl größeren Teiles der Bevölkerung. Die radikalen apokalyptischen Gruppen hatten im Krieg die schwersten Verluste erlitten, und von den Überlebenden befanden sich die meisten in römischer Gefangenschaft und wurden in allen Teilen des Reiches als Sklaven zum Verkauf angeboten. Die Sadduzäer, einst politisch tonangebend, hatten mit Tempel und Synhedrion ihre wirtschaftlich-soziale Existenzgrundlage und politische Plattform verloren, verfügten über keinen breiten Rückhalt im Volk und über die priesterlichen Diensteinteilungen hinaus auch über keine Organisationsform. Hingegen blieben die pharisäischen „*Chaburot*“ weiterhin funktionsfähige Gemeinschaften, freilich vorrangig zum Zweck der Pflege der rituellen Praktiken der Gruppe, aber darüber hinaus sicher auch als wirksame Mittel zur Meinungsbildung und Propaganda. Neben ihnen verfügte der Pharisäismus noch über andere Gruppenbildungen, und zwar elitärer Art. Es waren Schülerkreise, die sich um anerkannte Gesetzes- bzw. Schriftgelehrte scharten. Diese Gelehrten, die in der Folgezeit den Titel „Rabbi“ (in Babylonien dann: „Rab“) führten (als „Rabbinen“ zu unterscheiden von der mittelalterlichen und neuzeitlichen Berufsbezeichnung „Rabbiner“), bildeten mit ihrem Anhang nunmehr die geistige Führungsschicht, und diese beiden pharisäischen Organisationsformen „Chaburah“ (Verbindung) und Schülerkreis (Jeschibah) wurden nun zum Modell einer erstrebten neuen Ordnung für das ganze Volk.

Zunächst bildeten sie freilich nicht mehr als Ansatzpunkte für eine neue jüdische Autorität, denn die unmittelbare römische Verwaltung war ja nach dem Fortfall des Synhedrions straffer denn je, und in den gemischt besiedelten Gebieten hatten die Juden gewiß noch einige Zeit den verlorenen Krieg mit allerlei praktischen Zurücksetzungen zu büßen. Nur in den rein jüdischen Ortsgemeinden bestand die Chance für jüdische Selbstverwaltung, doch dabei ist in Rechnung zu stellen, daß es ja nicht wenige Juden gab, die mit den Römern bereitwillig kooperierten und in einem Ausgleich mit der nichtjüdischen Umwelt die Lösung der Krise suchten. Eindeutig zum Vorteil veränderte sich die oberste Verwaltung der neuen prätorialen Provinz, was nach der Willkürherrschaft der Prokuratoren sicher auch jüdischerseits trotz aller Ressentiments vermerkt wurde. Den Römern lag ja auch nicht an einer Verfolgung der jüdischen Religion oder der Juden überhaupt, ihre Maßnahmen galten der aufrührerischen Bevölkerung einer Provinz, und auch in dieser blieb das Recht der Juden, nach ihren Überlieferungen zu leben, in dem Maß in Geltung wie in der Diaspora. In einem vorwiegend jüdisch besiedelten Gebiet war aber letzten Endes auch für die römische Staatsgewalt eine jüdische Selbstverwaltungsebene oberhalb der Ortsgemeinden mit gewissen Vorteilen verbunden, und so trafen sich im Lauf der Zeit die Interessen beider Seiten.

Jochanan ben Zakkaj hatte schon während der letzten Kriegszeit seinen Schülerkreis mit römischer Zustimmung in Jabne nahe der Küste lokalisiert, und diese Schule errang in den folgenden Jahrzehnten eine wachsende Vorrangstellung vor anderen. In der späteren Tradition schränkte man die Vielfalt der alten Schulen überhaupt rückblickend auf zwei Hauptrichtungen ein, die Schule Schammajs und die Schule Hillels, und in Jabne gewann die Schule Hillels die Oberhand. Gegen Ende des 1. Jh. erfüllte die Schule von Jabne, die immer mehr Gelehrte anzog, de facto schon Aufgaben, wie sie später dem neuen Sanhedrin zukamen, eine oberste Schul- und Rechtsautorität wuchs hier heran, die freilich noch keine römische Anerkennung für sich buchen konnte. Auch dies änderte sich in den Jahren um 100 langsam. Nachdem sich in Jabne immer mehr alte maßgebende Familien der neuen Autorität angeschlossen hatten und die Führung der Schule an das Haus Hillel gefallen war, bei dem sie als erbliche Würde verblieb, kam es zu offiziellen Kontakten mit Rom. Rabbinische Delegationen verhandelten in Rom, und in der Folge konnten das hillelitische Schulhaupt, für das der Titel *Naśi'* (Fürst) bzw. *Rabban* aufkam, und der neue Sanhedrin zumindest mit einer offiziösen römischen Anerkennung rechnen. Dies war zum guten Teil dem Wandel zu einer besonneneren Innen-, Steuer- und Religionspolitik nach dem Tod des autokratischen Kaisers Domitian (81–96) zu verdanken, dessen Regierungszeit eine Vergiftung des Klimas zwischen Volk und Behörden und ein unangenehmes Spitzelwesen mit sich gebracht hatte. Die Juden bekamen dies insonderheit im Zusammenhang mit der Eintreibung des verhaßten Fiscus Iudaicus zu spüren. Kaiser Nerva (96–98) bereinigte die Mißstände im Steuerwesen und befreite mit der Aufhebung des Fiscus Iudaicus die Juden des Reiches nicht bloß von einer Last, sondern auch von einem diskriminierenden Makel. Sein Nachfolger Trajan (98–117) festigte die Rechtssicherheit weiter und förderte den Ausgleich im Inneren, auch mit den Juden. Die neue rabbinische Autorität des *Naśi'* (griechisch: Ethnarch oder Patriarch) und des Sanhedrin konnte sich auf diesem günstigen Hintergrund entfalten und im Volk an Boden gewinnen.

Diese Lage wirkte sich dann 115–117 n. Chr. während der Diaspora-Aufstände entsprechend aus, in Palästina kam es zu keiner neuen Kraftprobe mit Rom. Die Interessenlage war hier anscheinend doch eine wesentlich andere als in den Aufstandsgebieten, wenngleich dies keine Preisgabe des heilsgeschichtlichen Erwählungsanspruchs durch die neue Führung bedeutete. Wahrscheinlich fand der pharisäisch-rabbinische Führungsanspruch in der Diaspora noch nicht ausreichende Unterstützung, möglicherweise ist dabei besonders hoch zu veranschlagen, daß das Haus Hillel seine Position – später mit Erfolg für die Gesamtjudenschaft des Reiches – ja mittels einer römischen Autorisierung auszubauen trachtete. Ferner fällt ins Auge, daß Jerusalem/Judäa, vom Krieg und seinen Folgen am härtesten betroffen, im pharisäisch-rabbinischen Aufbau eher im Hintergrund blieb. Die Neuordnung ging von Jabne in der Küstenebene aus, und noch vor 132 n. Chr. wechselte selbst diese Schule nach Uscha in Galiläa, wo sich der neue Schwerpunkt des palästinischen Judentums herauszubilden begann. Inwiefern für diese Entwicklung nur äußere Faktoren maßgebend waren oder auch innerjüdische Differenzen mitwirkten, ist kaum abzuklären, doch fällt auf, daß der nächste jüdische Aufstand in Palästina unter Bar Kochba (132) nicht von Galiläa ausging und auf Judäa beschränkt blieb.

2. Die Diaspora-Aufstände (115–117 n. Chr.)

2.1. Einleitung

Die Ereignisse von 115–117 n. Chr. in Ägypten, Libyen bzw. in der Kyrenaika, auf Zypern und in Mesopotamien sind literarisch nur durch beiläufige Angaben bei nichtjüdischen Schriftstellern und durch einige recht vage Reminiszenzen in der rabbinischen Literatur bezeugt. Zusammen mit neueren archäologischen, epigraphischen und insbesondere papyrologischen Entdeckungen läßt sich jedoch ein einigermaßen plausibles Bild vom Verlauf und Charakter der Geschehnisse skizzieren. Der Zeitpunkt der Aufstände hängt nicht mit einer besonderen schwierigen Lage des Diasporajudentums zusammen, er ist auf dem Hintergrund der politisch-militärischen Gesamtsituation des Reiches zu verstehen. Wie schon unter Nero der Gedanke an eine Unterwerfung des Mittleren Ostens im Sinne der Eroberungen Alexanders des Großen herumgeisterte, so auch in der Zeit Trajans. Dieser hatte allerdings den größten Teil seiner Regierungszeit der Konsolidierung des Reiches im Innern gewidmet, aber um

113 n. Chr. faßte er den Entschluß, das Problem der ständig bedrohten Ostgrenze durch einen massiven Kriegszug gegen die Parther ein für allemal auszuräumen. Eroberungen im Norden, im Kaukasusgebiet, die Besetzung Armeniens, und im Süden die Umwandlung des Nabatäerreiches in die Provinz Arabia waren dem eigentlichen Unternehmen vorausgegangen, für das der Kaiser um 114/115 den Großteil der militärischen Kräfte Roms in Syrien konzentrierte. Die umfangreichen Vorbereitungen nahmen längere Zeit in Anspruch und erregten verständlicherweise größtes Aufsehen. Man ahnte, daß eine Wende bevorstand, doch während die einen die römische Eroberung des Orients erwarteten, erhoffte man sich nicht zuletzt im östlichen Mittelmeerraum eine vernichtende Schlappe, ja gar den Fall Roms. Ein verheerendes Erdbeben, das im Sommer 115 in Syrien die Vorbereitungen Trajans empfindlich zurückwarf, wurde weithin als bedeutungsvolles Vorzeichen gedeutet, Spekulationen und Prophezeiungen über einen Fall Roms waren damals fast Mode, und in jüdischen Kreisen der Diaspora fielen sie wohl auf besonders fruchtbaren Boden, nachdem gerade die meist militant-apokalyptischen Kriegsgefangenen von 66–70 n. Chr., von den Diasporagemeinden losgekauft, diese mit ihrem Fanatismus infizierten, während in Palästina die gemäßigten pharisäisch-rabbinischen Gruppen das Heft in die Hand nahmen. Im Rahmen der umfangreichen Kriegstransporte in den Orient dürfte es leichtgefallen sein, Waffen zu beschaffen und zu expedieren, und die Plötzlichkeit und Heftigkeit der Aufstände von 115 n. Chr. deutet wohl darauf hin, daß die militanten Kreise die Gunst der Stunde gezielt zu nutzen wußten. Dennoch dürften den eigentlichen Aufständen lokale Zusammenstöße mit auslösenden Wirkungen vorausgegangen sein. In der Kyrenaika war ebenso wie in Alexandrien das Verhältnis zwischen Juden und „Griechen" schon seit längerer Zeit gespannt, und Anlässe dazu boten beide Seiten. Die „Griechen", die in den Städten dominierten, mißgönnten den jüdischen Gemeinden deren Sonderstatus, der sie von der einheimischen Bevölkerung auch steuerlich mit klaren Privilegien abhob, und

ärgerten sich z. B. auch über die Summen, die diese autonomen Gemeinden bis 70 n. Chr. als Tempelsteuer nach Jerusalem abgeführt hatten. Demgegenüber verwiesen die Juden nicht bloß auf das traditionelle Recht, die innerjüdischen Angelegenheiten im Rahmen autonomer und insofern der griechischen Stadtbevölkerung gleichrangiger Gemeinden zu erledigen, nicht selten erhoben sie weitergehende Forderungen, die teils den Einfluß auf die Geschäfte der Stadt (Polis) insgesamt betrafen, teils im Streben einzelner Juden nach einer Kombination von jüdischen Privilegien und Polis-Bürgerrechten bestanden. Die Auseinandersetzungen nahmen des öfteren heftige, ja handgreifliche Formen an. Es ist begreiflich, daß nach dem Abzug römischer Truppenteile im Zug der Vorbereitung des Orientfeldzuges die Bereitschaft zu einer gewaltsamen Austragung der Konflikte auf beiden Seiten wuchs, doch scheint nach allen Berichten von Alexandrien abgesehen in erster Linie die jüdische Seite diesen Vorsatz gefaßt zu haben.

Die ersten Zusammenstöße ereigneten sich wohl in Alexandrien, wo aber die römischen Kräfte noch ausreichten, um entscheidend eingreifen zu können, während die Unruhen in der Kyrenaika und auf Zypern alsbald die Züge messianischer Bewegungen annahmen. In Mesopotamien hingegen war die Ausgangslage eine völlig andere. Insgesamt erreichten die Aufstandsbewegungen ein solches Ausmaß und einen derartigen Grad von Erbitterung, daß der Vergleich mit den Kriegen von 66–70 und dann wieder 132–135 n. Chr. naheliegt. Denn obwohl die anfängliche Stoßrichtung gegen die „Griechen" der gemischt besiedelten Städte zielte, arteten die Erhebungen unter dem Einfluß des apokalyptischen Fanatismus in einen Vernichtungskampf gegen die „Götzendiener" überhaupt aus, und in jedem Fall mußten sie zwangsläufig zur Konfrontation mit der römischen Ordnungsmacht führen. Roms Macht war aber 115 weitgehend durch den Orientfeldzug gebunden, erst im Lauf der zweiten Hälfte von 116 und zum Teil auch erst 117, nach der Rückkehr von Truppenteilen aus Syrien, gelang es, die Rebellion zu brechen. Noch einmal hatte der apokalyptische Fanatismus horrende Opfer gefordert, auch wenn die erhaltenen Zahlenangaben über die nichtjüdischen Opfer übertrieben sein dürften. Die Kompromißlosigkeit, mit der die Rebellen plötzlich und vehement zuschlugen und mit der sie sich gegen die eingreifenden römischen Ordnungskräfte zur Wehr setzten, erinnert an das Verhalten der Zeloten im Krieg von 66–70. Die Folgen waren für die weitere Geschichte des Gesamtjudentums von einer besonderen Tragweite. Das bis dahin kulturell so blühende griechischsprachige Judentum wurde derart hart getroffen, daß es die weitere Entwicklung im Gesamtjudentum nur mehr unwesentlich mitbestimmen konnte und in der späteren jüdischen Überlieferung, die völlig von der pharisäisch-rabbinischen Richtung kontrolliert wurde, kaum nennenswerte Spuren hinterließ, jedenfalls weit weniger als im Christentum, das einen Teil der hellenistisch-jüdischen Literatur weitertradierte.

2.2. Alexandrien

Die älteste der hellenistischen Städtegründungen und das Zentrum der hellenistischen Kultur beherbergte neben den üblichen Gruppen einer Polis, von denen die griechischen Bürger die Herrschaft ausübten, von früh an auch eine starke jüdische Gemeinschaft, die einen der fünf Stadtteile voll und einen weiteren zu einem hohen Grade bewohnte und offenbar stets eine gewisse Tendenz zur Expansion aufwies. Der Sonderstatus dieser Gemeinschaft, die ihre Angelegenheiten als Körperschaft außerhalb der üblichen Polis-Struktur regelte, hatte bereits in spätptolemäischer Zeit den Unwillen der „Griechen" erregt und zu Anfeindungen geführt. Seit der Neuordnung der ägyptischen Zustände unter Augustus war dieses spannungsvolle Verhältnis noch schwieriger geworden, weil die Beziehung beider Kontrahenten zur römischen Ordnungsmacht als zusätzliche Problembereiche hinzutraten. Beide erwarteten römische Unterstützung für ihre Bestrebungen und Standpunkte, und bei beiden erregte die römische Wahrung des status quo Verärgerung, bei den

„Griechen“, die die Juden am liebsten als voll steuerpflichtige Fremde behandelt hätten, noch mehr als bei den Juden, die sehr wohl wußten, daß ihr Rechtsschutz nur durch Roms Macht verbürgt war. Es war Kaiser Claudius gewesen, der in einem Brief 41 n. Chr. den status quo ausdrücklich bestätigte, nachdem es unter seinem Vorgänger Caligula (37–41) zu schweren Konflikten gekommen war.

Einmal kam es zu schweren antijüdischen Ausschreitungen, als König Agrippa I. Alexandrien besuchte und von den dortigen Juden triumphierend empfangen wurde, zum anderen benützten die „Griechen“ unter aktiver Vorschubleistung durch den römischen Statthalter Flaccus den Befehl des Caligula zur Aufstellung von Kaiserbildern, um ihn mit Gewalt auch auf Synagogen anzuwenden. Die Juden protestierten zunächst vergeblich, doch mit dem Tod Caligulas erfolgte eine Bereinigung der Lage. Claudius wies die aggressiven „Griechen“ in ihre Schranken und bestätigte den Sonderstatus des jüdischen Bevölkerungsteiles, stellte allerdings zugleich klar, daß eine Vereinigung von Polis-Bürgerrechten und jüdischen Privilegien ausgeschlossen sei. Aufmerksamkeit verdient ein leider etwas dunkler Passus im Brief, in dem der Kaiser scharfe Maßnahmen androht, falls die jüdische Seite weiterhin gewisse Leute aus Syrien und Kleinasien nach Alexandrien kommen lasse. Möglicherweise handelte es sich um militante Juden. Weder Juden noch Griechen waren mit der kaiserlichen Feststellung der Rechtslage zufrieden, und die Spannungen wuchsen weiter an. Im Jahr 66 n. Chr., als in Palästina der erste judäisch-römische Krieg ausbrach, waren die Römer gezwungen, auch in Alexandrien eine jüdische Erhebung im Keim zu ersticken.

Das Aufflackern von Unruhen war für Alexandrien nichts Ungewöhnliches, doch die gesamtpolitische Konstellation war 115 n. Chr. eben eine besondere, die Spekulationen auf einen Fall Roms blühten, und für jüdische Apokalyptiker war damit ja der Eintritt in die messianische Ära verknüpft. Wohl richtete sich der jüdische Angriff auch diesmal vornehmlich gegen den lokalen Erbfeind, die (griechische) Polisbürgerschaft, doch war ein Eingreifen der Römer zu erwarten, und tatsächlich reichten die Truppen aus, um die Juden in einer „Schlacht" (so in einem Papyrus!) zu besiegen. Darauf suchten sich die „Griechen" an den geschlagenen Juden zu rächen und machten ihnen erneut ihren Sonderstatus streitig.

Der römische Statthalter schritt ein, ermahnte beide Seiten zur Mäßigung, insbesondere die Griechen, und kündigte die Ankunft eines kaiserlichen Richters an, der die umstrittenen Ansprüche und die Vorfälle untersuchen sollte. Diese Untersuchung ging für die Griechen offenbar recht ungünstig aus, sechzig von ihnen wurden zur Verbannung verurteilt, und jene ihrer Sklaven, die sich zu Gewalttaten hatten anstiften lassen, wurden zum Tode verurteilt, entkamen jedoch auf ungeklärte Weise aus dem Gewahrsam. Der griechische Unmut schlug sich in der Folge in bitterbösen Schmähungen des Kaisers und seiner angeblich jüdisch beeinflußten Umgebung nieder („Acta Martyrorum Alexandrinorum"). In Alexandrien blieben also die Römer 115 n. Chr. noch Herren der Lage.

2.3. Kyrenaika/Libyen und Ägypten

In Kyrene und anderen Städten mit jüdischen Minderheiten ähnelte die Problematik jener von Alexandrien. Somit dürften auch hier die Spannungen zwischen Juden und Polisbürgerschaften („Griechen") die Hauptursache für den Aufstand gewesen sein, doch weisen die vorhandenen Quellen und die archäologischen Befunde auf einen derartigen Umfang und eine solche Intensität der Zerstörungen, daß man einen wohlvorbereiteten und auch völlig überraschenden Schlag der Juden annehmen muß. „Wie Wahnsinnige" sollen sie sich auf ihre Mitbewohner gestürzt und ein grausames Gemetzel veranstaltet haben. Geradezu gezielt richtete sich die Wut der Rebellen gegen öffentliche Einrichtungen und insbesondere Tempel, was auf einen vorrangig religiösen Fanatismus schließen läßt. Unter einem „König" namens Lukuas verwüsteten diese Juden ihre bisherige

Heimat und zogen danach ostwärts nach Ägypten. Dort gelangten sie zwar nicht nach Alexandrien, aber in den Provinzen verübten sie mit den aufständischen ägyptischen Juden neue Verwüstungen und Mordbrennereien. Erst ab Sommer 116, nach der Rückkehr römischer Truppen aus Syrien, gelang es dem Feldherrn und zeitweiligen Statthalter Quintus Marcius Turbo, die Rebellen nach und nach niederzukämpfen und die Ordnung wiederherzustellen – fast zweieinhalb Jahre nach Ausbruch der ersten Unruhen.

2.4. Zypern

Die literarischen Nachrichten betreffen zwar fast nur die Stadt Salamis, aber die behauptete hohe Zahl der getöteten Nichtjuden (fast eine Viertelmillion) und das später verhängte strikte Niederlassungsverbot für Juden auf der ganzen Insel lassen auch hier einen Umfang der Erhebung vermuten, wie er in der Kyrenaika bezeugt ist. Als Anführer wird auf Zypern ein Artunion genannt. Spätestens Ende 115 oder Anfang 116 hatten die Römer den Aufstand niedergeschlagen.

2.5. Mesopotamien/Syrien

Nachdem Trajan 114 Armenien unterworfen hatte, rückte er im nördlichen Mesopotamien vor, und 115 erreichten seine Legionen Südmesopotamien, im Winter 115/116 den persischen Golf und Ktesiphon. Der Feldzug verlief demnach glänzend, doch dann brachen im nahezu gesamten eroberten Gebiet Aufstände aus, denen die römischen Besatzungstruppen nur mit Mühe standhalten konnten. Sie waren auf Verstärkungen angewiesen, deren Abzug aus dem Angriffsheer eine weitere Offensive ostwärts unmöglich machte. Bei diesen antirömischen Erhebungen waren auch die jüdischen Bevölkerungsgruppen beteiligt, ohne daß dies – von einigen vorwiegend jüdisch besiedelten Gebieten vielleicht abgesehen – den Gesamtcharakter des Aufstandes geprägt hätte, es war die Landesbevölkerung, die sich gegen die römischen Eroberer wandte.

Die anfänglich für den Krieg nicht gerüsteten Parther entfalteten zu eben der Zeit eine erfolgreiche militärische Gegenoffensive, bei der Trajan 116 bei Hatra eine empfindliche Niederlage einstecken mußte, so daß er sich für einen weiteren Rückzug entschied, um wenigstens die alte Ostgrenze am Euphrat absichern zu können. Im römisch kontrollierten Bereich wurden die Aufstände energisch unterdrückt, dabei machte sich in Nordmesopotamien, wo z. B. in und um Nisibis zahlreiche Juden lebten, auch der Feldherr Lusius Quietus einen Namen, weil er List und Gewalt besonders erfolgreich zu verbinden wußte. Er soll nach der Niederschlagung des allgemeinen Aufstandes von Trajan noch den speziellen Auftrag erhalten haben, gegen die Juden Mesopotamiens/Syriens einen Präventivschlag zu führen und sie aus der ganzen Eparchie möglichst zu vertreiben, damit sie nicht wie ihre Brüder in Libyen, Ägypten und auf Zypern über ihre nichtjüdischen Mitbewohner herfielen. Es ist möglich, daß Trajan nach den Ereignissen im Westen eine derartige jüdische Aktion auch hier befürchtete, und in der Tat gibt es Anzeichen für Zusammenhänge mit Alexandrien, freilich recht vager Art, in der rabbinischen Literatur.

2.6. Der „Krieg des Qitus“

In rabbinischen Texten ist mehrmals von einem „Krieg des Qitus“ die Rede, und zwar in einer chronologischen Einordnung, die nur den Bezug auf die Aufstände von 115–117 zuläßt. Man identifiziert diesen „Qitus“ in der Regel mit dem bereits erwähnten Lusius Quietus, der nach der Niederschlagung des Aufstandes und nach seinem Eingreifen gegen die Juden Nordmesopotamiens/Syriens für einige Zeit Statthalter von Palästina wurde, und es mag sein, daß er auch hier präventive Maßnahmen traf. Man hat daher vermutet, daß es auch dort um 116 zu Unruhen gekommen ist, doch läßt sich diese These nicht erhärten. Seltener ist die Identifizierung mit Quintus Marcius Turbo, der die Aufstände in Ägypten niederschlug. Legendarisch geprägte Erzählungen wissen im Zusammenhang mit dem „Krieg des Qitus" von einem jüdischen Brüderpaar, Pappus und Julianus (bzw. Lulianus), das angeklagt wurde, nach einem Teil der Überlieferung gerettet wurde, nach anderer Überlieferung aber das Martyrium erlitt. Da in einer Quelle Laodicea in Nordostsyrien als Hinrichtungsort erscheint, könnte der Stoff tatsächlich in den Vorgängen in Syrien/Mesopotamien seinen Ursprung haben, wobei die alexandrinische Herkunft der beiden Märtyrer nicht auszuschließen ist. Es könnte sein, daß jüdische Agitatoren aus Alexandrien in Syrien aktiv wurden und damit zum Entschluß Trajans, gegen die dortigen Juden präventiv vorzugehen, beigetragen haben. Nun begegnen alle diese Reminiszenzen im Kontext erbaulich-martyrologischer Überlieferungen, nicht in historischen Berichten. Allem Anschein nach fielen in der – zum Teil recht widersprüchlichen – legendarischen Erzähltradition mehrere Personen in der einen Figur des Qitus zusammen: Quintus Marcius Turbo, mit dem alexandrinisch-ägyptisches Lokalkolorit eindrang, Lusius Quietus, dessen Tätigkeit in Syrien/Mesopotamien durch seine anschließende Statthalterfunktion palästinische Bezüge erhielt, und schließlich der Kaiser Trajan selbst.

3. Der zweite judäisch-römische Krieg (132–135 n. Chr.)

3.1. Ursachen, Umfang und Verlauf

Noch schlechter als für die Diaspora-Aufstände von 115–117 ist die Quellenlage im Blick auf den sogenannten Bar Kochba-Krieg (132–135) in Judäa. Welche Ursachen und Anlässe zu diesem erneuten verzweifelten Versuch, das Joch Roms zu brechen, geführt haben, ist umstritten. Möglicherweise wirkten mehrere Komponenten zusammen. So der von Hadrian (117 bis 138) verordnete Aufbau einer heidnischen Stadt „Aelia Capitolina“ auf dem Gebiet des alten Jerusalem, Erbitterung der Juden über die erneute Infragestellung der Beschneidung durch die Umwelt und nun wieder einmal auch durch die römischen Behörden, und eventuelle Gerüchte über eine erfolgte, aber im Zusammenhang mit der Gründung von Aelia Capitolina widerrufene Zusage zum Wiederaufbau des Tempels. Auch soziale Motive sind denkbar, lebten doch gerade in Judäa viele Juden als Pächter auf den 70 n. Chr. durch Rom konfiszierten Liegenschaften. Vielleicht ließ man sich auch davon beeinflussen, daß seit der Tempelzerstörung ca. 70 Jahre vergangen waren, so daß man eine heilsgeschichtliche Wende erwartete. Auch die Palästinareise Hadrians 129/130 n. Chr. und die Person des Statthalters Q. Tineius Rufus könnten die Gemüter erregt haben. Mit Sicherheit hat man jüdischerseits mit Unwillen die umfangreichen militärisch-strategischen Erschließungsarbeiten und Garnisonsgründungen dieser Jahre registriert.

Glücklicherweise haben archäologische Forschungen in der Wüste Juda aus den letzten drei Jahrzehnten beachtliche Zeugnisse der Bar Kochba-Zeit zutage gefördert, darunter auch Dokumente und sogar Originalbriefe des Aufstandsführers. Dieser hieß demnach eigentlich Simon ben Kosiba, während in der Überlieferung vor allem christlicherseits der Name Bar Kochba („Sternensohn“) als messianische Bezeichnung (nach Num 24, 19) und in rabbinischen Texten auch die polemische Entstellung „Bar Kozeba“ (Lügensohn) bezeugt sind. Er befehligte den Aufstand und baute eine straffe Verwaltung auf, führte den Titel „Naśi’ (Fürst) Israels“, und auf seinen Münzen erscheint teilweise neben seinem Namen und Titel auch ein „(Hohe)Priester Eleazar“. Dies deutet auf eine Restauration der alten priesterlichen Ordnung neben der weltlichen Gewalt, wahrscheinlich auch auf eine Wiederaufnahme des Opferkultes, und zwar im Sinn messianischer Hoffnungen, wie die Münzlegenden („im Jahr ... der Erlösung / Freiheit Israels“) anzeigen dürften.

Völlig unklar ist das Verhältnis der Aufstandsführung zu den rabbinischen Autoritäten, zum Sanhedrin und insbesondere zum „Naśi’“ des Hauses Hillel. Diese hatten ihren Sitz mittlerweilen schon in Galiläa, das nach allen Anzeichen am Bar Kochba-Aufstand unbeteiligt blieb. Nun gab es freilich in dem Gebiet, vor allem bei Sepphoris und Beth Shean, starke römische Garnisonen, doch im Fall einer messianischen Erhebung hätten die Juden Galiläas ja ohnedies auf Wunder vertraut und zumindest einen Aufstand versucht. Die rabbinische Literatur enthält zwar heftige Anklagen gegen Rom und Tineius Rufus, aber in erster Linie aus der Sicht der Nachkriegszeit, läßt also nicht einen Schluß auf rabbinische Unterstützung des Aufstandes zu. Nur in bezug auf Rabbi Aqiba wird gelegentlich eine positive Stellungnahme behauptet, die Deutung von Num 24, 19 („es geht ein Stern aus Jakob auf, ein Szepter erhebt sich aus Israel") auf Ben Kosiba (daher „Bar Kochba") wird ihm zugeschrieben. Ansonsten betreffen auch die meisten – legendär-martyrologisch typisierten – Nachrichten über Rabbi Aqiba mehr die Nachkriegszeit mit ihren Religionsverfolgungen. Diese recht beschränkte positive Wertung und die im Unterschied dazu recht markanten negativen Aussagen (Bar Koseba als „Bar Kozeba"/ Lügensohn und Verurteilungen der Endzeitspekulationen) lassen doch vermuten, daß die rabbinischen Autoritäten und ihr Anhang das neuerliche messianische Abenteuer mit Skepsis und Zurückhaltung beobachteten, sosehr sie später die Folgen und das Ganze als gemeinjüdische Katastrophe beklagten. Die eindeutige Beschränkung des Aufstandes auf Jerusalem und Umgebung dürfte also kein Zufall und auch nicht allein die Folge der römischen Truppenverteilung gewesen sein, sondern auf innerjüdische Differenzen zurückgehen, auch wenn moderne jüdisch-nationalistische Historiker den Aufstand gern als eine nationale Erhebung der Juden gegen Rom beschreiben. Wahrscheinlich muß man für diese Zeit ebenso wie später für die Zeit des Kaisers Julian mit in Rechnung stellen, daß die neue rabbinische Autorität mit ihren Institutionen nicht ohne weiteres gewillt war, einem revolutionären Anspruch zu weichen und daß sie auch einer Wiederherstellung der alten Priesterschaft zumindest nicht mit Begeisterung zustimmen konnte. Die neue rabbinische Ordnung hatte eben bereits ihr Eigengewicht und Eigenleben.

Die – ungemein heftige und erbitterte – judäische Revolte brach im Herbst 132 aus, und zwar im Heimatgebiet der Makkabäerfamilie, was vielleicht kein Zufall war. Die römischen Besatzungen wurden völlig überrascht. Als Q. Tineius Rufus die Räumung Jerusalems befahl, fiel er in die Hände der Aufständischen, ein grandioser Scheinerfolg, der dazu führte, die Münzen nach dem Jahr „der Erlösung Israels“ zu datieren. Der taktische Rückzug der Römer bedeutete aber nur eine Gnadenfrist. Hadrian, der aus der Zeit Trajans mit den vorderorientalischen Verhältnissen wohlvertraut war und den jüdischen Kampfwillen abzuschätzen wußte, ging kein Risiko ein. Bis Mai 134 hielt er sich selbst in Alexandrien und Palästina auf, die Kriegführung vertraute er nach umfangreichen Truppenkonzentrationen und Vorbereitungen dem in Britannien hochbewährten Julius Severus an. Dieser hob mit überlegenen Kräften Ort für Ort Judäas aus, und im dritten Jahr des Aufstandes nahm er auf diese Weise auch Jerusalem wieder ein. Die restlichen Aufständischen waren nun zum Teil versprengt und suchten in den Höhlen der unzugänglichen Wadis der Wüste Juda Unterschlupf, das Gros mit Ben Kosiba wurde in Bet Ter südwestlich von Jerusalem eingekesselt und ausgehungert. Im Jahr 135 fiel diese letzte große Bastion der Rebellen, und ihre fanatischen Verteidiger bekamen die ganze Härte römischer Kriegführung zu spüren. Auch die versteckten Gruppen in den Wadis der Wüste Juda wurden anschließend aufgespürt und in ihren Höhlen ausgehungert oder ausgehoben.

3.2. Die Folgen

Die Folgen des selbstmörderischen Versuchs, Rom zu besiegen, hatten nicht bloß die aufständischen Juden zu tragen. Wohl trafen sie Jerusalem/Judäa besonders hart. „Aelia Capitolina“, wie Jerusalem nun erst recht hieß, wurde samt Umgebung für Juden zum verbotenen Gebiet erklärt und mit Fremden besiedelt, die Provinz „Syria Palaestinae“ genannt. Scharen von

Kriegsgefangenen wurden auf die Sklavenmärkte des Reiches gebracht und der jüdische Besitz im rebellischen Gebiet konfisziert. Die religiös-messianischen Motive der Rebellion waren offenbar den Römern so deutlich geworden, daß sie nun gegen alle Tradition auch religionspolitische Strafmaßnahmen in der Provinz (also nicht gegen das Judentum insgesamt, etwa in der Diaspora!) einleiteten. Das Verbot der Pflege der jüdischen Tradition traf nun aber gerade die gemäßigten rabbinischen Kreise vielleicht am härtesten, weil ihr Schulbetrieb davon betroffen war. Nur wenige wie der später zum Erzketzer stilisierte Rabbi Elisa ben Abuja waren bereit, sich dem Verbot des Gesetzesstudiums zu fügen, und so kam es 135–138 zu einer Religionsverfolgung, die in der rabbinischen Literatur eine breite martyrologische Überlieferung hervorgebracht hat, auch Rabbi Aqiba gilt als einer der Märtyrer für die Tora.

Über die Provinz hinaus wirkte sich allerdings das erneuerte Beschneidungsverbot aus.

Die Strafmaßnahmen in Palästina hatten, abgesehen davon, daß sie möglicherweise eben gerade nicht die Schuldigen zuvorderst trafen, alles andere als eine befriedigende Wirkung. Hadrians Nachfolger Antoninus Pius (138–161) hob denn auch die diskriminierenden und unklugen Verordnungen alsbald auf und suchte den Ausgleich mit den gemäßigten Kräften. Als Partner empfahlen sich von selbst die rabbinischen Kreise unter der Führung des Sanhedrin und des hillelitischen Patriarchen, also jener Kreise, die bereits seit 70 n. Chr. eine neue Ära in der jüdischen Geschichte eingeleitet und dabei durch die Konflikte mit Rom in den Jahren 115–117 und vor allem 132–135 vorübergehend Rückschläge erlitten hatten. Von nun an bestimmten sie aber nicht nur in Palästina, sondern insgesamt den weiteren Verlauf, es begann endgültig das Zeitalter des rabbinischen, des talmudischen Judentums.

C. DIE EPOCHE DES RABBINISCHEN JUDENTUMS

1. Das Patriarchat des Hauses Hillel

1.1. Die Neuordnung in „Syria Palaestinae"

Auch die Rabbinen haben den heilsgeschichts- und erwählungstheologischen Anspruch „Israel/Jakob" auf den Vorrang vor der Weltmacht „Edom/Esau" vertreten. Sie fügten sich aber – wenn auch teilweise mit deutlichen Ressentiments – der empirischen Macht Roms. Die geschichtstheologische Rechtfertigung des Verzichts auf eine gewaltsame Durchsetzung des Anspruchs wurde nun typologisch in Anlehnung an biblische Aussagen über Edom wie Dt 2, 3 ff. gesucht: Gott habe nun einmal „Esau" bzw. „Edom" ein zur Zeit unstrittiges Reservat zugeteilt, freilich nur in „diesem Äon". Wie die Sonne größer ist als der Mond, aber nur am Tage herrscht, so ist Edom/Rom in „Dieser Welt" stärker, hat aber keinen Anteil an der „Kommenden Welt", und wie der Mond, ist auch Israel kleiner, aber wie er nicht nur nachts, sondern auch tagsüber (von der Sonne freilich überstrahlt) sichtbar sein kann, hat Israel Anteil an „Dieser Welt" wie an der „Kommenden Welt". Freilich taugt diese Lösung des jüdischen Dilemmas nur solange, als die Mehrheit der Meinung war, „Diese Welt" dauere noch einige Zeit an; im Fall einer messianischen Naherwartung hingegen mußte die alte Problematik wiedererstehen, wie man sich angesichts einer solchen bevorstehenden Geschichtsvollendung praktisch zu verhalten habe. Vorläufig bot die rabbinische Drosselung der akuten Enderwartungen jedenfalls die Möglichkeit, für die Zwischenzeit einen modus vivendi mit Rom anzustreben, ja sie erforderte eine solche Kompromißlösung, um für die Zwischenzeit bis zur wirklichen Erfüllung der Heilsgeschichte ein Höchstmaß an

Freiheit zur Erfüllung der Erwählungsverpflichtung zu sichern, einen möglichst breiten Freiraum für das Leben nach der Tora zu schaffen. Was für die militanten Strömungen der bewaffnete Kampf herbeiführen sollte, das Ende des „Vierten Reiches“ und den Beginn der „Gottesherrschaft“, hofften die Rabbinen vorrangig durch intensive Erfüllung des Gotteswillens im Sinne ihrer Auslegung und Praxis zu erreichen. Bis zu diesem Ziel wertete man das Leben unter „Edom“ als „Exil“, als Zeit der Buße und auch als Strafe für die „Sünden“, auch für die Sünden der Väter, die mit ihrem „grundlosen Haß“ untereinander die Katastrophen der Vergangenheit heraufbeschworen hätten.

Geschichtstheologische Überzeugungen und realpolitisches Kalkül konnten sich also sehr wohl im Interesse beider Seiten ergänzen, denn mehr als eine friedliche Einordnung wollten auch die Römer nicht erreichen, ihnen ging es um Politik, Ordnung, Steueraufkommen und militärische Absicherung. Wenn sich ihnen daher mit dem rabbinischen Sanhedrin und dem hillelitischen Patriarchat jüdische Instanzen boten, durch die innerjüdische juristische und religiöse Belange erledigt werden konnten, die für Fremde ohnedies zum großen Teil unverständlich blieben, lag es für Rom nahe, sich ihrer zu bedienen. So erreichte das hillelitische Patriarchat in der Zeit nach 138 n. Chr. die Stellung eines offiziellen Repräsentanten der gesamten Judenschaft im Römischen Reich und damit das Recht auf eine eigene Steuer, die – in Anknüpfung an die einstige Tempelsteuer – auch in der Diaspora entrichtet werden mußte. Als Vorsitzender des Sanhedrin, der unter einem „Ab Bet Din“ auch als Oberstes Gericht fungierte, war der Patriarch Oberhaupt der höchsten rabbinischen Schule und juristischen Instanz der Provinz Syria Palaestinae. Und da sich die Hilleliten ja davidischer Herkunft rühmten, herrschten nun in Palästina im Rahmen dieses Kompromisses wieder Davididen über die Juden, freilich – wenigstens in der Blütezeit – mehr als Gelehrtenfürsten denn als politische Machthaber und als aktive Förderer der pharisäisch-rabbinischen Spielart des Judentums. Mit dem Ausbau eines Schulwesens in diesem Geist und durch die Ernennung vieler von den rabbinischen Gelehrten, die der Patriarch „ordinierte", zu lokalen Richtern, setzte sich diese Spielart auch in den breiteren Schichten durch.

Kaiser Marcus Aurelius (161–180) setzte die klug berechnete Ausgleichspolitik fort, und dies gilt – ungeachtet einiger lokaler Wirren in Galiläa und Samaria während der Auseinandersetzungen mit Pescennius Niger – auch für Septimius Severus (193 bis 211), der bis 202 vorwiegend in Palästina und Ägypten weilte. Er erzielte im Vorderen Orient beachtliche militärische und politische Erfolge und schuf 199 die Provinz Mesopotamia, reformierte die Verwaltung im Reich und verbesserte die Stellung der Städte. Obwohl er 201 das Beschneidungsverbot für Nichtjuden erneuerte und damit die Proselytenwerbung erschwerte, hat seine Regierung ebenso wie jene des Caracalla (211–217) im rabbinischen Schrifttum recht positive Spuren hinterlassen. Zu dieser Zeit erreichte das hillelitische Patriarchat seine Hochblüte. Vor allem der viele Jahre amtierende Jehuda ha-Naśi' („Rabbi") verkörperte eine bei Juden wie Römern hochgeachtete Autorität. Die rabbinische Überlieferung hat in volkstümlich-anekdotenhafter Fassung dieses bei allen religiösen Gegensätzen doch günstige Verhältnis in Anekdoten über „Rabbi" und „Antoninus" zum Ausdruck gebracht, wobei „Antoninus" wohl nicht einfach eine historische Gestalt, also einen bestimmten Kaiser verkörpert, sondern den Typus der Kaiser von Antoninus Pius an, wahrscheinlich auch geprägt durch Erfahrungen mit den durchweg hochqualifizierten römischen Statthaltern.

Die Verleihung des römischen Bürgerrechts 212 auch an die Juden darf indes nicht mit dem modernen Maßstab einer „Gleichberechtigung" einfach positiv beurteilt werden. Die Juden schätzten im großen und ganzen ihre bisherige Sonderstellung wohl mehr, und das Bürgerrecht brachte den einzelnen vor allem auch mehr Pflichten und Lasten im öffentlichen Bereich, und dies schuf wieder neue soziale und religionsgesetzliche Probleme.

Das neue Verhältnis zum römischen Staat bewirkte übrigens

auch einen überlieferungs- und rechtsgeschichtlichen Schritt, der für die jüdische Geschichte insgesamt epochale Bedeutung erhalten sollte. Es handelt sich um eine auswählende Redaktion und literarische Fixierung der sogenannten „mündlichen Tora", der (religions)gesetzlichen Überlieferungen, die man als verbindlich festgelegt wissen wollte. So entstand die sogenannte „Mischna" (Überlieferung/Lehre) als Abschluß der „tannaitischen" Zeit pharisäisch-rabbinischer Lehrtradition, und auf dieser „Mischna" bauten die folgenden Gelehrtengenerationen der Spätantike, die „Amoräer", weiter, interpretierend und ergänzend, und ihr Werk, die „Gemara" (Vollendung) ergibt mit der Mischna den sogenannten „Talmud" (Lehre), der wieder für die folgenden Jahrhunderte autoritative Grundlage wurde. Die palästinische Fassung (auch „Talmud Jeruschalmi") gedieh in der Redaktion aber nicht so weit wie die babylonische („Talmud babli"), und so erlangte der weit umfangreichere babylonische Talmud den Vorrang.

Diese für die innere Geschichte des Judentums zukunftsbestimmenden Vorgänge hatten anfangs wohl auch eine Bedeutung für das Verhältnis zum Staat. Die Abfassung der „Mischna" schuf zum ersten Mal eine übersichtliche und kontrollierbare Darstellung der als verbindlich geltenden Normen, nach denen sich die religiöse Praxis und das Rechtsleben richteten. Somit war auch zum ersten Mal konkret der Inhalt des jüdischen Privilegs, nach der Tora bzw. nach den Gesetzen und Bräuchen der Väter leben zu dürfen, ausgefüllt. Ein solcher Vorgang paßt recht gut in die Bemühungen um Reformen des Rechtswesens im Römischen Reich des späten 2. Jahrhunderts. Mit der „Mischna" als autoritativer Rechtsgrundlage hatte die pharisäisch-rabbinische Tradition vollends die Oberhand gewonnen und die nach der Bibel wichtigste religiöse und juristische Grundlage geschaffen – ein Produkt nicht des zelotischen Fanatismus oder äußerlicher Machtentfaltung, sondern einer zwar selbstbewußten, aber maßvollen Politik.

Der Tod Caracallas wurde jüdischerseits – ebenso wie das Ende der Arsacidendynastie im Partherreich – als merkliche Veränderung des politischen Klimas empfunden. Doch Severus Alexander (222–235), der auf die kurze, aber religionspolitisch etwas aufreizende Herrschaft Elagabals (218–222) folgte, war keineswegs judenfeindlich eingestellt. Was sich ungünstig auswirkte, war die im 3. Jh. das ganze Römische Reich bedrückende wirtschaftliche Krise, während der die hohen Abgaben und die insbesondere mit öffentlichen Ämtern in der städtischen Verwaltung verbundenen Lasten ein unerträgliches Ausmaß erreichten und die Ressentiments gegenüber der „Weltmacht" verstärkten. Diese wieder war in ihrem Selbstvertrauen erschüttert, weniger durch den nach Maximinus Thrax (235–238) einsetzenden raschen Herrscherwechsel als durch das Anwachsen des als staatsfeindlich eingeschätzten Christentums. Versuche, durch brutale Verfolgung der Christen und durch Forcierung des Herrscherkults die Staatsidee der römischen Tradition aufrechtzuerhalten, vor allem unter Decius (249–251) und Diokletian (284–305), blieben wirkungslos, förderten eher den Aufstieg der Verfolgten. Es mag sein, daß da und dort im Zuge dieser Verfolgungen auch Juden zu Schaden kamen, denn die verzweifelte Militanz der „götzendienerischen" Staatsmacht erregte unter den Juden gewiß keine Sympathien, doch wäre es übertrieben, von Judenverfolgungen zu sprechen. Die rabbinische Literatur, die zu einem beträchtlichen Teil im 3.–4. Jh. Gestalt gewann, ist jedenfalls voll von grimmiger Polemik gegen Götzendienst und „Edom"/Rom. Eine wirklich kritische Zeit setzte für die Juden nach 250 n. Chr. in dem Bereich ein, der vom palmyrenischen Herrscherpaar Odenath und Zenobia kontrolliert wurde. Palmyra errang damals für einige Zeit eine Vormachtstellung im Vorderen Orient, und rabbinische Quellen deuten darauf hin, daß es damals zu ernsten Konflikten mit dem Judentum kam.

Aurelian (270–275) stellte dann die römische Oberherrschaft wieder voll her, und unter Diokletian besserte sich auch die wirtschaftliche Lage merklich. Dieser Kaiser weilte um 286 in Palästina, und dies hinterließ im rabbinischen Schrifttum einige sagenhafte Reminiszenzen, die ein zwiespältiges Verhältnis bezeugen. Zwiespältig war die Situation überhaupt. Während ein großer Teil der Bevölkerung unter den geschilderten Umständen zweifellos schwer litt, beweisen stattliche Synagogenbauten (insbesondere in Galiläa), daß manche Bereiche wirtschaftlich gut zurechtkamen. Dabei fällt eine relativ großzügige Anwendung der in der nichtjüdischen Umwelt üblichen architektonischen und ornamentalen Muster ins Auge, etwa in Bet Schearim, unter Jehuda ha-Nasi Sitz des Patriarchats und des Sanhedrin und im 3./4. Jh. eine der wichtigsten jüdischen Städte des Landes geworden. Auch in dem stark nichtjüdisch und auch immer stärker christlich geprägten Cäsarea war neben Samaritanern eine große und geistig rege jüdische Bevölkerungsgruppe vertreten, und die hellenistische Gründung Tiberias, später ebenfalls Sitz des Sanhedrin, beweist bei aller Traditionstreue die doch deutliche Einbindung in den hellenistischen Kulturraum. Aber mit dem 4. Jh. setzt eine bewußte Abwendung vom Griechischen ein, vielleicht mitbedingt durch den Aufstieg des Christentums. In der Diaspora war man auf die griechische Sprache auch im religiösen Bereich angewiesen gewesen, und die Rabbinen trugen dem Rechnung, indem sie um 100 n. Chr. die überkommene – und von den Christen übernommene – griechische Bibelübersetzung durch eine neue, ihrer Texttradition und ihrer Auslegung entsprechende Übertragung (Aquilas) ersetzten. Während diese Übersetzung wenigstens fragmentarisch erhalten ist, aber auch nur dank des Interesses eines gelehrten Kirchenschriftstellers (Origenes), blieb von der sonstigen Literatur der westlichen Diaspora nichts erhalten, weil das rabbinische Schrifttum des palästinisch-mesopotamischen Raumes die Überlieferung dominierte. Dabei geriet Palästina allmählich gegenüber Babylonien ins Hintertreffen. Die späten hillelitischen Patriarchen hatten als Gelehrte keine Meriten aufzuweisen, und es kam auch zu gewissen Entfremdungserscheinungen zwischen rabbinischen Kreisen, breiteren Schichten und dem Patriarchat. Nun waren viele Rabbinen aber mehr oder minder von der Finanzmacht des Patriarchen abhängig, und daher zog der Niedergang des Patriarchats auch einen Niedergang des rabbinischen Schulbetriebs nach sich, während in Babylonien zur selben Zeit die Schulen gerade zu besonderem Wohlstand gelangten. Zwar behauptete das „Land Israel" gegenüber Babylonien noch gewisse Vorrechte, z. B. die Kalenderfixierung, aber sie wurden nun zu Formalitäten.

1.3. Der Übergang zum christlichen Staat

Der Abschluß des palästinischen Talmuds führt bereits in die Zeit des tolerierten und schließlich siegreichen Christentums im 4. Jh. Dennoch läßt die rabbinische Literatur aus dieser Zeit noch nichts von dem Wandel erkennen, der sich in der Umwelt religiös vollzogen hatte. Dies mag auf den ersten Blick überraschen, ist aber auf dem Hintergrund der traditionellen jüdischen Geschichtsauffassung begreiflich. Nach ihr stand ja nicht die Religion der „Völker" zur Debatte, sondern vor allem anderen die Frage, in welchem Verhältnis das „Volk Gottes" zu den „Weltvölkern" und insbesondere zur herrschenden Weltmacht nach dem Erwählungsglauben stehen sollte und in der politischen Realität tatsächlich stand. Im übrigen hatte das Christentum nach dem Toleranzedikt von 311 n. Chr. bis zum endgültigen politischen Sieg noch erhebliche Schwierigkeiten zu überwinden, die heidnische Umwelt wußte sich noch einige Zeit recht gut gegen die aufkommende christliche Zwangspolitik zur Wehr zu setzen. Gewiß konnte die konstantinische Wende den Juden – gerade auch in Palästina – nicht verborgen bleiben, allein die einsetzenden Kirchenbauten und das aufkommende Pilgerwesen waren unübersehbare Zeichen. Aber man kümmerte sich nicht sonderlich um die Religion der „Völker" – und sah in Rom eben Rom, und während die Christen „Edom"/„Esau" mit dem heidnischen Rom verknüpften und das „vierte Reich" Daniels mit diesem untergehen ließen, blieb für jüdisches Empfinden ohne jede Einschränkung die Kontinuität des „vierten Reiches" über die konstantinische Wende und über den Aufstieg des Christentums zur Staatsreligion hinaus eine Selbstverständlichkeit.

Als viel problematischer empfanden die Rabbinen das Treiben jener Juden, die in ihrem Willen zu Angleichung und Kooperation einem gewissen Synkretismus huldigten und auch die Zusammenarbeit mit der verhaßten Weltmacht suchten, die sogenannten „Minim“. Diese hatten die traditionelle Geschichtsauffassung mit dem Erwählungsglauben über Bord geworfen und bekämpften die Rabbinen mit boshaftem Spott. Sie stehen daher neben den „Götzendienern“ im Brennpunkt der rabbinischen Kritik und Polemik.

Das Klima änderte sich aber im Lauf des späten 4. Jh. in dem Maß, als die christlichen Herrscher im Interesse der Einheit des Reiches auch eine religiöse Einigungspolitik verfolgten. Zwar galt die Hauptstoßrichtung dem „Heidentum“, doch immer häufiger griff der starke Arm des Staates – der jeweiligen kirchenpolitischen Orientierung folgend – auch gegen Schismatiker und Sektierer ein. Obwohl die Juden bei diesen Maßnahmen noch nicht mit diesen Kriterien gemessen wurden, traf man auch im Blick auf sie Maßnahmen, die vom Ziel der Vereinheitlichung her bestimmt waren und die hergebrachte Rechtsgrundlage der jüdischen Sonderexistenz mehr und mehr in Frage stellen mußten. Dieser einsetzende Abbau der alten Rechtsbasis war für das Judentum gefährlicher als die alte Konfrontation mit „Götzendienst“ und Kaiserkult. Zunächst wurde nur der Übertritt zum Judentum erschwert, vor allem im Blick auf Sklaven, wobei nicht mehr der traditionelle Vorbehalt gegen die Beschneidung maßgeblich war, sondern eher christliches Konkurrenzbewußtsein. In administrativen Belangen suchte Konstantin die Gleichbehandlung der Juden zu wahren, was man aber nicht einfach als Vorteil werten darf, denn dabei ging es ja nicht zuletzt um die Übernahme öffentlicher Funktionen mit zum Teil schweren finanziellen Belastungen. Die Befreiung der Religionsdiener von solchen Funktionen war nichts Neues, wurde nun aber analog zur Privilegierung des christlichen Klerus neu geregelt. Wirtschaftlich harte Folgen hatte auf längere Sicht das

Verbot, christliche Sklaven zu halten, denn mit der weitgehenden Christianisierung der Umwelt wurden dadurch jüdische Unternehmer schwer benachteiligt.

Unter Konstantin II. und Konstantius (337–361) wurde dieses Sklavenverbot weiter verschärft. Um 350/1 soll es in Palästina zu Unruhen gekommen sein, in deren Verlauf Bet Schearim zerstört wurde. Aber weder der Umfang noch die näheren Umstände sind faßbar. Zu regionalen Unruhen kam es ja – nicht nur in Palästina – öfters, und gerade die Samaritaner muckten damals wiederholt auf, aber es wäre übertrieben, von regelrechten Aufständen zu sprechen.

1.4. Kaiser Julians Restaurationsversuch

Nur eine Episode sollte die von Julian (360–363) mit großem Elan eingeleitete Wiederherstellung der alten Kulte für das Judentum bedeuten. Der Kaiser, ein entschiedener Hellenist und Verächter von Juden- wie Christentum, verordnete auch die Restauration des jüdischen Kultes von Jerusalem und zu diesem Zweck den Wiederaufbau des Tempels. Die erhaltenen Nachrichten reichen nicht aus, um ein verläßliches Bild von den jüdischen Reaktionen zu zeichnen. Priesterliche Familien waren an der Kultrestauration sicher am ehesten positiv interessiert und mögen wohl auch nach Jerusalem gezogen sein, um den Opferkult provisorisch aufzunehmen und bei der Errichtung des Heiligtums mitzuwirken. Ein Erdbeben störte allerdings das kaum begonnene Unternehmen, worin man christlicherseits ein Zeichen Gottes erblickte. Bei den Rabbinen ist zumindest kein eindeutig positives Echo erhalten – möglicherweise Symptom einer gewissen Verlegenheit. Man erhoffte sich zwar für die Endzeit auch eine Wiedererrichtung des Tempels, aber unter der Ägide des Davidmessias und nicht als römisch verordnete Maßnahme – noch dazu im Rahmen einer allgemeinen Wiederherstellung des verachteten „Götzendienstes“. Und sicherlich muß auch einkalkuliert werden, was die Kultrestauration für die rabbinische

Führung bedeutet hätte. Das Wiedererstehen einer mächtigen Priesterkaste mit all ihren Privilegien und mit dem Tempel als religiösem Zentrum des Gesamtjudentums unter einem Hohepriester als oberster Autorität war für die Rabbinen kaum eine verlockende Aussicht. Die Entscheidung für oder gegen Julians Tempel-Restauration wurde ihnen allerdings bald vom Lauf der Geschichte selbst abgenommen, denn der Kaiser fand im Krieg gegen die Parther den Tod. Ungeachtet des christlichen Triumphes über das Ende des „Apostata" überstand das rabbinische Judentum die Episode ohne besonderen Schaden, auf längere Sicht freilich wirkte sie sich auf die christliche Einstellung zum Judentum doch negativ aus.

Im übrigen verbreitete sich das Christentum im Lauf des 4. Jh. auch in Palästina sehr rasch. Nachdem es bis dahin vor allem auf die mehrheitlich nichtjüdischen städtischen Siedlungen begrenzt geblieben war, drang es nun auch in die ländlichen und vorwiegend jüdisch bewohnten Gebiete ein, vor allem durch Zuwanderung von Heidenchristen.

1.5. Von Julian zu Theodosius II.

Die Verschärfung des christlich-jüdischen Gegensatzes hatte zunächst keine unmittelbaren politisch-rechtlichen Folgen, die Nachfolger Julians wahrten den rechtlichen Status quo der Juden vor Julian und dies auch gegen gelegentliche christliche Gewaltsamkeiten. Eine gewisse Wende zeichnete sich unter Gratian (367–383) bzw. Theodosius I. (379–395) ab, indem zunächst (ab 378) die christlichen Sekten besonders aufs Korn genommen und 383 die Bestimmungen gegen Übertritte zum Judentum erneuert wurden. Aggressiveren Charakter hatte die Religionspolitik des Theodosius gegen „Heiden" und Häretiker, wobei den Jahren 381 und 390/1 eine entscheidende Bedeutung für den Übergang zum christlichen Zwangs-Einheitsstaat zukommt. Denn mochte der Kaiser selbst auch bemüht sein, im Rahmen der geltenden Rechtsordnung zu herrschen, so war er doch außerstande, den immer zahlreicher werdenden christlichen Übergriffen wirksam Einhalt zu gebieten. In der Sklavengesetzgebung trat 384 eine weitere Verschärfung ein, und 388 entsprach der Kaiser mit dem Verbot von Mischehen zwischen Christen und Juden einer in der Kirche bereits seit geraumer Zeit laut gewordenen Forderung. Kennzeichnend ist ein Vorgang im selben Jahr. In Kallinikos am Euphrat hatten Christen auf Geheiß des örtlichen Bischofs den roten Hahn auf die Synagoge gesetzt, und der Kaiser befahl korrekt den Wiederaufbau der Synagoge und die Bestrafung der Übeltäter. Dadurch zog er sich aber den Unmut des heiligen Ambrosius in Mailand zu, und zwar in solchem Maß, daß sich der Herrscher schließlich der geistlichen Erpressung fügte und die Strafmaßnahmen widerrief. Dennoch beharrte er auch späterhin wiederholt auf der Beachtung jüdischer Rechte, z. B. 392 bezüglich der autonomen Gerichtsbarkeit. Im gleichen Jahr fand er es für notwendig, den Charakter des Judentums als einer nicht unerlaubten Religion ausdrücklich hervorzuheben. Angesichts der Praktiken des christlichen Pöbels, insbesondere im östlichen Mittelmeerraum, waren dies freilich nur mehr schöne Worte, die Kluft zwischen der ohnehin bereits eingeengten Rechtsbasis des Judentums und der tatsächlichen Lage wurde immer größer. Synagogenzerstörungen oder -enteignungen mehrten sich, und der Kaiser selbst gab dem kirchlichen Druck noch einmal nach, als er die Errichtung neuer Synagogen zu verhindern empfahl. Gleichwohl entstanden in jüdischen Ballungsgebieten Palästinas auch in dieser Zeit noch repräsentative Synagogenbauten, die Lage war also unterschiedlich. Ob das Verbot der Polygamie von 393 eine praktische Bedeutung hatte, ist schwer abzuschätzen, wahrscheinlich kaum.

2. Die Diaspora im Römischen Reich

Die Niederschlagung der jüdischen Aufstände von 115–117 n. Chr. in Ägypten, in der Kyrenaika und auf Zypern haben zwar die zahlenmäßig stärksten und kulturell aktiven Bereiche der Diaspora schwer getroffen, doch bedeutete dies – von Zypern mit seinem Niederlassungsverbot abgesehen – nicht das Ende der jüdischen Präsenz in diesen Gebieten. Vor allem Alexandrien blieb ein Zentrum hellenistisch-jüdischen Lebens, auch wenn die exklusiv rabbinisch beherrschte Überlieferung diesem Zweig des Judentums keine weitere innerjüdische Wirkungsgeschichte erlaubte. In der christlichen Theologie wußte man hingegen die jüdisch-alexandrinische Tradition der Synthese zwischen biblischer Tradition und hellenistischem Denken wohl zu nutzen.

In Kleinasien bestanden zur Zeit der Missionsreisen des Apostels Paulus in jedem größeren Ort jüdische Gemeinden mit Synagogen, dasselbe gilt für Griechenland. Einige Anzeichen deuten darauf hin, daß diese zwar zahlreichen, aber zahlenmäßig nicht starken Gemeinden eine besondere Ausstrahlungskraft ausübten und im Umkreis der religiös Interessierten eigentümliche synkretistische Tendenzen hervorriefen.

Im Verlauf des 2.–3. Jh. wurde auch der westliche Mittelmeerraum von jüdischen Kolonien überzogen, und in den letzten Jahrzehnten des Gesamtreiches gab es selbst in entlegeneren Provinzen kaum eine größere römische Gründung ohne Juden, wenngleich man deren Zahl nicht überschätzen darf. Dabei zeigt sich anhand der erhaltenen Inschriften für die letzten Jahrhunderte ein deutlicher Trend vom Griechischen weg zum Hebräischen. Offensichtlich gewann in byzantinischer Zeit der Einfluß des palästinisch-rabbinischen Judentums auch in der Diaspora mehr und mehr die Oberhand. Ein besonders deutlicher Traditionszusammenhang ergab sich von Palästina aus über Kleinasien und Griechenland in das byzantinisch beherrschte Süditalien, von dort aus dann im Lauf des frühen Mittelalters den Handelswegen entlang nach Norden bis ins Rheinland. Diese Konstellation wurde für jene Ausprägung des Judentums maßgeblich, die in Mittel- und später auch Osteuropa beheimatet war und nach dem Namen „Aschkenas“ (für Mitteleuropa) als „aschkenasisches Judentum“ bezeichnet wird. Eine besondere Traditionslinie verlief von Marseille aus durch das Rhônetal nach Norden, wo sie sich im Burgundischen und in der Champagne mit der italienisch-rheinischen Linie traf.

Eine Schlüsselstellung nahm in der westlichen Diaspora naturgemäß die jüdische Gemeinde in der Hauptstadt Rom ein. Hier dürfte es schon im 1. Jh. n. Chr. zu einem so rapiden Anwachsen des jüdischen Bevölkerungsanteiles gekommen sein, daß die Entwicklung der Organisationsformen nicht Schritt halten konnte. Während in den großen östlichen Diasporastädten wie Alexandrien die jüdische Bevölkerung in einer Gesamtgemeinde (politeuma) zusammengeschlossen den nichtjüdischen Gruppen gegenüberstand und so den jüdischen Sonderstatus, nach den eigenen Überlieferungen leben zu dürfen, vertrat, handelte es sich in Rom allem Anschein nach um eine Anhäufung von Einzelgemeinden (zuletzt wahrscheinlich zwölf) des üblichen Diasporatyps, nach dem jüdische Orts- und Synagogengemeinden identisch waren. Der Mangel einer wirksamen Organisationsform bewirkte dann auch eine Verschärfung der sozialen Probleme, so daß die armen Juden Roms fast sprichwörtlich wurden. Die Gemeinden waren auch nicht imstande, in ausreichendem Maß Grundstücke für Friedhöfe zu erwerben, und so kam es – wie bei den Christen – zur Anlage unterirdischer Begräbnisanlagen (Katakomben), die in ihrer Ausstattung wenigstens einige Hinweise auf den kulturellen Charakter der Gemeinde vermitteln. Leider konnte von den antiken römischen Synagogen noch keine ausgegraben werden, nur die Hafenstadt Ostia bildet eine Ausnahme.

Politisch traten die Juden Roms wiederholt in Erscheinung. So sollen 4 v. Chr. römische Juden für die judäische Delegation demonstriert haben, die die Befreiung von der herodianischen Dynastie verlangte.

Im Jahre 19 n. Chr. wurden die Juden aus Rom und Italien verbannt, angeblich wegen einer boshaften Übertölpelung und religiösen Verspottung einer vornehmen Römerin durch einen Juden, aber wahrscheinlich doch auf Grund gewichtigerer Vorgänge. Als 58/59 v. Chr. in Rom der Prozeß gegen den Ex-Prokonsul der Provinz Asia Minor, L. Val. Flaccus, lief, beklagte

Cicero den starken jüdischen Zudrang zu den Verhandlungen. Wie in der gesamten griechischsprachigen Diaspora, so waren offensichtlich auch die Juden in Rom von früh an mit dem aufkommenden Christentum konfrontiert, das sich als „Israel“ dekretierte, eifrig missionierte und so die Grenzen der jüdischen Gemeinschaft verwischte. Hier war von jüdischer Seite eine klare Grenzziehung unvermeidlich, weil es ja um den Geltungsbereich der jüdischen Privilegien ging, und dies um so mehr, als den Christen der Ruf der Staatsfeindlichkeit anhing und infolgedessen auch für jüdische Gemeinden Konflikte mit den römischen Behörden drohten, falls die Religionszugehörigkeit nicht klar zu definieren war. Juden, die zum Christentum übertraten, wurden daher aus den jüdischen Ortsgemeinden, die in der Regel zugleich Synagogengemeinden waren, ausgeschlossen und verloren damit den Schutz der jüdischen Privilegien. Im Verlauf der großen Christenverfolgungen spitzten sich diese Konflikte weiter zu und verursachten steigende wechselseitige Verbitterung, wobei die so gut wie rechtlosen Christen den kürzeren zogen. Dafür gerieten die Juden im 4. Jh. mit dem Sieg des Christentums in immer größere Bedrängnis, da die kleinen Diasporagemeinden sich gegenüber der militanten christlichen Umwelt nur schwer zu behaupten vermochten. Dazu kam, daß der Vorwurf des Judaisierens eine probate Waffe im innerchristlichen Parteienstreit wurde und es selten jemand für opportun hielt, für die Rechte der Juden einzutreten. Erträglicher war die Lage in jenen weströmischen Gebieten, in denen die arianische Spielart des Christentums vorherrschte, weil dort im großen und ganzen der alte Rechtsstatus der Juden gewahrt blieb. Mit dem Übergang zum Katholizismus änderte sich jedoch die Situation rasch, etwa im visigothischen Spanien und Südfrankreich, wo die auf Abgrenzung bedachten Forderungen der Synode von Elvira (Anfang des 4. Jh.) alsbald gesetzgeberisch verwirklicht wurden.

Die Zukunft der westlichen Diaspora war damit vorgezeichnet. Sie hing davon ab, wieweit die jeweilige staatliche Macht aus wohlverstandenem Eigeninteresse jüdische Ansiedlungen auch gegen den kirchlichen Druck zu tolerieren und zu privilegieren bereit war. Dies bedeutete eine totale Abhängigkeit der Privilegierten von dem Schutz der weltlichen Gewalt – im Unterschied zu der alten römischen Rechtsbasis einer insgesamt privilegierten Religionsgemeinschaft.

Eine Zwischenposition nahm das Judentum in Syrien ein. Die Städte boten dieselben Probleme wie die hellenistischen Polis-Siedlungen in der übrigen Diaspora, doch fiel die Großstadt Antiochien aus dem Rahmen. Hier saßen Juden schon im 2. Jh. v. Chr. in größerer Zahl, und im 1. Jh. n. Chr. gab es dort laut Josephus eine großartig ausgestattete Hauptsynagoge, doch leider fehlen Nachrichten über die Organisation der offenbar zahlreichen Gesamtgemeinde. Im Zusammenhang mit dem judäisch-römischen Krieg 66–70 n. Chr. versuchten die nichtjüdischen Antiochener, ihre – hier nicht auf bestimmte Stadtviertel beschränkten – jüdischen Mitbewohner ihrer angestammten Rechte zu berauben, doch ließen die Römer dies nicht zu. Die Stadt wurde zu der Zeit ein Hauptort des frühen Christentums, und zweifellos hat es deshalb auch Spannungen mit der jüdischen Gemeinschaft gegeben. Die Christen zerstörten dann 423 die große Synagoge und fanden in Simeon Stylites einen Fürsprecher gegen Kaiser Theodosius II., der sich – wie im Fall von Kallinikos – nicht mit seinem Versuch zur Wahrung des Rechts durchsetzen konnte. Eigentümlich war für diesen Raum, daß neben dem Griechischen das Aramäische einen hervorragenden Platz einnahm, so daß die Beziehungen zu den Zentren in Palästina und Babylonien unmittelbarer waren als in der bloß griechischsprachigen Diaspora. Die lokalen Traditionen dieser Region sind durch die rabbinisch monopolisierte Überlieferung leider ebenfalls verlorengegangen, und somit wissen wir wenig über die Eigentümlichkeiten dieser jüdischen Gemeinden, Eigentümlichkeiten, die in den angrenzenden Gebieten nach Norden und Osten hin noch markantere Züge getragen haben dürften. So weist z. B. die Auseinandersetzung des syrisch-christlichen Schriftstellers Aphrahat darauf hin, daß die Gemeinden von Adiabene, dessen Herrscherhaus im 1. Jh. n. Chr. zum Judentum konvertiert war, doch erheblich von den rabbinischen Normen Babyloniens oder Palästinas abwichen. Für entferntere Gebiete, für Armenien im Norden und für den Mittleren Orient, dürfte dies noch mehr zutreffen. Allerdings machte sich teilweise schon früh palästinisch-rabbinischer Einfluß geltend, so in Nisibis, das bereits zur Zeit des Tempels als wichtiger Verbindungspunkt zwischen Ost und West bezeugt ist und wo nach dem Bar-Kochba-Krieg für einige Zeit der Kreis der Aqiba-Schüler Zuflucht gefunden hatte. An der vielumstrittenen Euphratgrenze lag auf römischer Seite Dura Europos, wo im späten 3. Jh. eine jüdische Gemeinde ihre Synagoge mit Wandmalereien ausstattete, die zwar den rabbinischen Auffassungen vom 2. Gebot nur bedingt entsprachen, aber thematisch doch den Zusammenhang mit der Hauptströmung der Tradition verraten.

3. Die Juden in Babylonien

3.1. Die tannaitische Periode – Unter den Arsaciden

Während in Palästina die Tannaiten die Grundlage des rabbinischen Judentums schufen und im griechischsprachigen Westen eine wirtschaftlich und kulturell blühende Diaspora entstand, lebten in Babylonien zahlreiche Juden in wirtschaftlich und politisch günstigen Verhältnissen unter der Herrschaft der Arsaciden (240 v. Chr.–224 n. Chr.), also im Partherreich, das als einzige politische Kraft des Orients der Weltmacht Rom zu trotzen vermochte. Leider fehlen Zeugnisse über Umfang und Charakter des babylonischen Judentums dieser Zeit, nur sporadisch fällt ein Streiflicht auf diesen Teil der Diaspora, der jedoch von Anfang an auch die palästinischen Verhältnisse beeinflußt hat. Zu beachten ist, daß auch die jüdischen Siedlungen im Partherreich ein ähnliches kolonisatorisches Selbstverständnis entwickelten wie die Bürger der hellenistischen Städte, sich also von der einheimischen Bevölkerung absetzten, und es mag darauf zurückzuführen sein, daß schon in seleukidischer Zeit auch eine gewisse Hellenisierung Platz griff. Jedenfalls hinterließen griechische Sprache und hellenistische Zivilisation im babylonischen Talmud mehr Spuren als die babylonische Umwelt oder die parthisch-zoroastrische Oberschicht.

Es ist anzunehmen, daß das babylonische Judentum, das zum Teil geschlossene jüdische Ortschaften bildete, ebenfalls traditionelle Formen der Selbstverwaltung besaß, doch liegen darüber keine Nachrichten vor. Man nimmt an, daß im Zuge einer Neuordnung der Verhältnisse im Partherreich ab 50 n. Chr. auch die Position der jüdischen Minderheit neu geregelt wurde und daß bei dieser Gelegenheit das Amt des *Resh galuta'*, des Exilarchen, seine gewichtigen Vollmachten erhielt. Der Exilarch vertrat jedenfalls im 2. Jh. n. Chr. die jüdische Minorität im Reiche bei Hof und verfügte auf Grund der feudalen Staatsstruktur für seinen Zuständigkeitsbereich über weitreichende Kompetenzen, freilich ausgesprochen politisch-administrativer Natur, mit dem Schwergewicht auf Steuerwesen und Polizeigewalt, er fungierte also nicht wie der Patriarch in Palästina auch als religiös-juristische Autorität. Die Exilarchenfamilie leitete sich von der davidischen Dynastie her, und zwar von Jojachin, dem letzten legitimen König von Juda, der unter Nebukadnezar nach Babylonien deportiert und dort schließlich begnadigt und am Hof versorgt worden war. Es ist durchaus möglich, daß die Davididen im babylonischen Judentum stets eine gewisse Vorrangstellung eingenommen hatten. Auch das Haus Hillel in Palästina erkannte die Familie des Exilarchen als Repräsentantin der davidischen Hauptlinie an und räumte dem Exilarchen insofern den Vorrang ein.

Während das zum Judentum konvertierte Fürstenhaus von Adiabene im nördlichen Mesopotamien für den judäisch-römischen Krieg 66–70 n. Chr. eine Abteilung Reiterei entsandte, ist von einer Hilfe aus Babylonien nichts bekannt, auch nicht für den Bar-Kochba-Aufstand 132–135 n. Chr. Man darf voraussetzen, daß die heilsgeschichtstheologische Optik für die Juden im Partherreich doch eine andere war als für die Juden im Römischen Reich, für erstere dürfte eben das Partherreich die feindliche „Weltmacht" gewesen sein, auf deren Ende man hoffte, soweit apokalyptisches Denken seinen Einfluß geltend machte. Und wie man im Westen an parthische Vorstöße die Hoffnung auf einen Fall der herrschenden Weltmacht Rom knüpfte, mag man im Osten römische Feldzüge unter endzeitlichem Aspekt bewertet haben, nicht, weil man prorömisch gewesen wäre – die Beteiligung der Juden an den Aufständen gegen Trajan sprechen deutlich genug dagegen –, sondern weil man Krieg und Kriegsgeschrei eben traditionell als Vorzeichen der Endzeit wertete. Parther wie Römer waren sich der besonderen Konstellation auch bewußt, die eine auf beide Reiche verteilte Minderheit ergab, und bei klugem Verhalten konnte diese aus der nicht ungefährlichen Lage auch ihren Nutzen ziehen. Ein hervorstechendes Beispiel dafür war der Seidenhandel. Im Partherreich war er monopolisiert und der jüdische Exilarch hatte mit seinen Vertrauensleuten die Chance, die Vermittlung nach Westen zu besorgen. In spättannaitischer Zeit, gegen 200 n. Chr., gab es in Palästina am Hof des Patriarchen Emissäre des Exilarchen, die zugleich am tannaitischen Lehrbetrieb teilnahmen und nach ihrer Heimkehr als maßgebliche Vermittler palästinisch-rabbinischer Tradition wirkten. Von Palästina aus wurde die Ware teils direkt, teils in bearbeiteter Form mittels der ausgezeichneten Verbindungen zu den Diasporagemeinden weiter in die westlicheren Provinzen des Reiches vermittelt.

Die Religionsverfolgungen unmittelbar nach dem Bar-Kochba-Krieg (135 n. Chr.) hatten für Babylonien zur Folge, daß mit den zahlreichen rabbinischen Flüchtlingen auch palästinische Schultradition mehr oder minder vollständig ins mesopotamische Gebiet verpflanzt wurde. So blieb die Schule des Rabbi Ismael in Huzal. Etwas vorher studierte ein Exilarchensohn namens Natan in Palästina bei Rabbi Aqiba, und etwa 140/150 versuchte ein nach Babylonien zurückgekehrter Rabbinenschüler sogar, das Privileg des Patriarchen auf Kalenderfestsetzung in Frage zu stellen. Die palästinische rabbinische Bildung galt in tannaitischer Zeit somit als vorbildlich auch für die babylonisch-jüdische Oberschicht und im Lauf des 3. Jh. wurde das babylonische Schulwesen in diesem Sinne weiter ausgebaut.

Abba Arika, meist „Rab" genannt, stammte aus einer vornehmen babylonischen Familie und verbrachte längere Zeit in Palästina bei seinem Onkel Chijja, der im Seidenhandel tätig war. Beide, Onkel und Neffe, beteiligten sich am rabbinischen Schulbetrieb des Patriarchen Jehuda ha-Naśi' und galten als hervorragende Gelehrte. Rab erlangte die Ordination durch den Patriarchen, repräsentierte nach seiner Rückkehr nach Babylonien (ca. 219) mit einer rabbinischen Schule in Sura die palästinisch-rabbinische Linie und begründete damit eine Schultradition, die bis ins Mittelalter hinein einen maßgeblichen und auch überregionalen Einfluß ausübte. Daneben existierte eine rabbinische Schule von höherem Rang in Nehardea, wo Samuel, der Sohn eines aus Palästina eingewanderten rabbinischen Gelehrten, ebenfalls palästinische Lehrtraditionen vertrat und mit Rab zusammen die Weichen für die weitere religiöse Orientierung des babylonischen Judentums stellte. Nach der Zerstörung Nehardeas durch palmyrenische Truppen (259 n. Chr.) wurde das weiter euphrataufwärts gelegene Pumbeditha zum zweiten Schulzentrum neben Sura. Von der Mitte des 4. Jh. an verlor diese Schule jedoch an Bedeutung und erst unter islamischer Herrschaft erlebte sie eine neue Blütezeit. Es war somit die Schule von Sura, vor allem unter Rab Aschi (367–427), die für die Redaktion des babylonischen Talmuds den entscheidenden Beitrag lieferte. Abgesehen von einigen Verfolgungsperioden boten die babylonischen Verhältnisse für die Entwicklung dieser Schulen recht günstige Bedingungen. Durch Zuweisung fester Einkünfte, eigene Besitzungen und freiwillige Zuwendungen aus ihrem immer weiteren Einflußbereich verfügten die Schulen über eine solide wirtschaftliche Basis und vermochten daher auch eine aktive Bildungspolitik mit einer gewissen Breitenwirkung zu betreiben. Entscheidend war dabei die Haltung der Exilarchen, die – unbeschadet zeitweiliger Spannungen zu manchen Schulhäuptern – gerade diese Schulen besonders förderten. So kam es, daß die rabbinische Lehrtradition zu der Zeit, da sie im

„Land Israel“ selber nur mehr mühsam aufrechterhalten werden konnte, in Babylonien effektive Pflegestätten fand und daß schließlich der „babylonische Talmud“, der im 5. Jh. seine literarische Fixierung erfuhr, für das gesamte Judentum zur normativen Grundlage werden konnte, wobei natürlich das große Gewicht des babylonischen Judentums unter der Kalifenherrschaft noch mit eine Rolle spielte.

In politischer Hinsicht brachte die Ablösung der Arsacidendynastie (224 n. Chr.) durch die Sassaniden eine Veränderung zum Schlechteren, jedenfalls zeitweilig kam es nun auch in diesem Raum zu ernsten Spannungen, was aber weniger mit einer besonderen Judenfeindschaft zusammenhing, sondern Symptom einer neuen Einstellung gegenüber den Minderheiten war. Die Sassaniden begnügten sich nämlich nicht mehr mit der alten Feudalstruktur, die den einzelnen ethnischen bzw. religiösen Gruppen weitreichende Autonomie gewährte, sie suchten den Staat straffer zu organisieren, und mit dem Aufbau zentraler Instanzen ergaben sich Kompetenzkonflikte mit Inhabern herkömmlicher Befugnisse, eben auch mit den Exilarchen. Darüber hinaus forcierten manche Sassanidenherrscher den Gedanken einer religiösen Einigung des Reiches unter zoroastrischer Ägide, was sich vor allem gegen die Christen, dann und wann aber auch gegen die Juden richtete.

Bereits unter Ardaschir (224–241) wurden die neuen Maßnahmen jüdischerseits als eine Art von Verfolgung gewertet, aber unter Schapur I. (242–271), zu dem das Schulhaupt von Nehardea, Samuel, gute persönliche Beziehungen hatte, ließen die Spannungen nach. Außerdem wußte man jüdischerseits die parthische Macht zu schätzen, als 262/3 der judenfeindliche palmyrenische Herrscher Odenath Teile Babyloniens verheerte und unter anderen Deportierten auch die Tochter Samuels verschleppte. Durch Aurelians erfolgreiches Eingreifen wurde zwar die palmyrenische Gefahr 273 endgültig gebannt, aber Schapurs Tod hatte (271) die innere Lage verschärft.

In erster Linie waren es Christen, die in der Folge unter der zoroastrischen Religionspolitik zu leiden hatten, und auch die

Manichäer wurden grausam verfolgt, doch machte sich der neue Kurs im Vergleich zur toleranten Haltung Schapurs auch für die Juden bemerkbar. Wenn diese in jenen Dezennien besser davonkamen, dann vielleicht wegen der schwierigen militärischen Situation des Partherreiches gegenüber Rom, das vor allem unter Diokletian eine erfolgreiche Ostpolitik betrieb. Unter dem bereits im Mutterleib zum Herrscher deklarierten Schapur II. (309–379) gerieten jedoch auch die Juden ins Visier des zoroastrischen Fanatismus, vor allem zwischen 360–370, wozu noch kam, daß Schapur während seines Armenienfeldzuges eine größere Anzahl von armenischen Juden deportieren ließ. Der Aufstieg des Christentums im Römischen Reich veränderte die religionspolitische Lage im Partherreich insofern, als die christliche Minorität mehr oder minder mit Recht als prorömisch galt, was den Konflikt verschärfte, nicht zuletzt ab 337, als eine neue Periode militärischer Auseinandersetzungen einsetzte und ab 344 eine Welle von Christenverfolgungen mit sich brachte, die bis Jezgered I. (399–420) andauerten. Im Jahr 362 soll es in Machoza unter Juden zu (messianischen?) Unruhen gekommen sein, die ein militärisches Einschreiten der Parther provozierten, doch ist Näheres nicht bekannt, etwa über eine eventuelle Ausstrahlung von Kaiser Julians Religionspolitik und Orientfeldzugsplänen. Gegen die Juden wandte sich wieder Jezgered II. (438–457) im Jahr 456, wobei die Sabbatfeier das spezielle Ziel der Maßnahmen war. Eine wirklich schwierige Periode mit blutigen Verfolgungen stellte die Regierungszeit des Peros (Firuz; 458/9–484) dar, besonders für die Region Isfahan, aber auch Babylonien wurde in Mitleidenschaft gezogen und der Exilarch Huna wurde getötet. Unter Khawad I. (488–531) erhöhten sich die Spannungen, weil der militante Mazdaismus die zoroastrischen Einheitsbestrebungen weiter ins Extrem trieb. Der Exilarch Mar Zutra II. (ca. 508 oder 512–520) rief schließlich sogar zum bewaffneten Widerstand auf, unterlag aber und wurde 520 gefangen und hingerichtet. Erst unter Chosroes I. (531–578) normalisierte sich das Verhältnis wieder, was man jüdischerseits wohl um so dankbarer empfand, als die byzantinische Religionspolitik zu dieser Zeit zu immer heftigeren Ressentiments gegenüber Rom Anlaß gab und die Hoffnungen auf einen parthischen Sieg im westlichen Judentum immer gespannter wurden. Dies nicht unbegründeterweise, denn Chosroes betrieb eine offensive Westpolitik, erreichte 540 sogar Antiochien und stieß 542/3 bis gegen Palästina vor. In dieser Zeit suchten selbst christliche Gruppen, die von der herrschenden kirchlichen Richtung verfolgt wurden, im Partherreich Zuflucht, ebenso wie zuvor heidnisch-hellenistische Gelehrte. So kam es, daß nach einigen Wirren ungeklärter Art unter Hormuz IV. (587/8–590) und bei dessen Nachfolge, als Juden den Thronprätendenten Bahram unterstützten, unter Chosroes II. (590/1–628) nicht nur wieder bestes Einvernehmen zwischen Juden und Herrscher einkehrte, sondern sogar eine aktive Zusammenarbeit im Zusammenhang mit den erfolgreichen Westfeldzügen ab 610 möglich war. Chosroes selbst mußte freilich noch den triumphalen Sieg des byzantinischen Kaisers Heraclius erleben, bevor er am 28. 2. 628 durch Mörderhand starb. Die letzten Sassaniden traten religionspolitisch kaum mehr in Erscheinung, regierten meist nur kurz, und Jezgered III. (632–651) mußte das Vordringen der islamischen Araber hinnehmen, die der letzten Bastion des Alten Orients ein Ende bereiteten. Das Judentum Babyloniens hat den Machtwechsel ohne besonderen Schaden überstanden und erlebte unter der Herrschaft der Khalifen eine Hochblüte, die sich auch in einer regelrechten Weltgeltung der hohen rabbinischen Schulen Babyloniens auswirkte. Mit den islamischen Eroberungszügen kam babylonisch-jüdische Tradition über Nordafrika bis nach Spanien, von dessen hebräischen Namen „Sefarad“ später der Zweig des Judentums, der vorzugsweise babylonisch-spanisch geprägt war, seinen Namen als „sefardisches Judentum“ erhielt.

4. Byzanz

Eine Geschichte des spätantiken Judentums ist sinnvollerweise erst mit der islamischen Eroberung des Vorderen Orients zu beenden, erst diese stellt eine politisch wie kulturgeschichtlich so bedeutsame Zäsur dar, daß von einer Epochengrenze die Rede sein kann. Die letzten Jahrhunderte christlicher Herrschaft über Palästina waren durch eine fortschreitende Verschärfung des Gegensatzes zwischen dem auf religiös begründete Einheit bedachten Staat und der jüdischen Minderheit gekennzeichnet. Administrative Veränderungen trugen das ihre dazu bei. So wurde um 400 Palästina verwaltungsmäßig neu gegliedert, in Palästina I mit Cäsarea als Hauptort und die alten Gebiete Judäa und Peräa umfassend, Palästina II mit Skythopolis, mit den Gebieten im Norden und damit das jüdische Zentrum Galiläas einschließend, und Palästina III, das frühere Palästina salutaris. Die massive Zuwanderung von Heidenchristen und der Aufschwung der christlich gewordenen Nabatäer im Süden veränderten die bevölkerungsmäßige Struktur des Landes nun rasch zuungunsten der Juden, die dennoch in ihren Zentren von dem allgemeinen Aufschwung mitprofitierten, wie die Reste der Synagogenbauten beweisen.

Unter Theodosius II. (408–450) verschlechterte sich die rechtliche Situation der Minderheiten merklich. Bereits 408 erließ der Kaiser einen Erlaß gegen die Feier des Purimfestes, weil in dessen Rahmen antichristliche Demonstrationen üblich gewesen sein sollen, was offenbar mit der Darstellung der Pfählung Hamans und seiner Söhne zu tun hat, die man leicht auf die Kreuzigung Christi beziehen konnte. Um 415 kam es zu Maßnahmen gegen den Patriarchen Gamaliel VI., der schließlich seines Amtes enthoben wurde, und als dieser 429 ohne direkte Leibeserben verstarb, nützte der Kaiser die Gelegenheit und löste die Institution des Patriarchats überhaupt auf, die dadurch freiwerdende Steuerkapazität der Juden sogleich für die Staatskasse ausschöpfend, was praktisch einem Rückfall in die Praxis des fiscus Judaicus nahekam. Noch schwerer wog, daß zur gleichen Zeit auch der Sanhedrin aufgehoben wurde, die oberste religiöse und juristische Instanz, deren Aufgaben nun von zwei regionalen Gremien wahrgenommen werden sollten, was zwar der neuen administrativen Aufstellung Palästinas entsprach, aber jüdischerseits als harter Eingriff in die internen Angelegenheiten verstanden werden mußte. Jedenfalls bedeutete der Verlust der zentralen Instanzen, Patriarchat und Sanhedrin, eine entscheidende Schwächung der jüdischen Vertretung im Reich. Wenn späterhin noch einmal der „Archipherekytes“ in Tiberias eine gewisse überregionale Bedeutung erlangte, war es kein Ersatz für die alten Zentralinstanzen. Die Rechtsstellung der Juden wurde nun in einem bedenklichen Maß vom Wohlwollen oder vom – häufigeren – Unwillen der Christen abhängig. Dies wird aus einer Verordnung von 423 deutlich, die zwar das Judentum als geduldete Religion anerkannte, aber eindeutig nur soweit, als christliches Empfinden nicht verletzt wurde, was im Grunde der Willkür Tür und Tor öffnete. So mangelt es aus dieser Zeit nicht an widersprüchlichen Regelungen und Vorgängen. Während einerseits Synagogen zerstört wurden, konnten andernorts bestehende renoviert und dann und wann sogar neue erbaut werden. Doch die Tendenz verlief zum Negativen.

Im Jahr 438, in dem mit dem Codex Theodosianus auch die christlich geprägte Minderheitenpolitik seit 311 einen ersten Abschluß erreichte, wurden die Juden als staats- und gesetzesfeindlich hingestellt, was insofern wohl nicht aus der Luft gegriffen war, als kaum ein Jude Ursache hatte, diese christliche Tyrannei besonders zu schätzen, die meisten den Blick wieder immer häufiger voll Hoffnung auf die militärischen Vorstöße der Parther zu richten begannen und erneut apokalyptischen Phantasien nachhingen. Zugleich stieg die wirtschaftliche Belastung. Während ab 438 die höheren Ämter für Juden verschlossen blieben, wurden sie nach wie vor für oft ruinöse öffentliche Funktionen auf städtischer Ebene herangezogen. Das neue geistig-kulturelle jüdische Zentrum wurde nun Tiberias, dessen Schule enge Beziehungen zu den babylonischen Zentren pflegte und vor allem auf dem Gebiet der Überlieferung des Bibeltextes maßgebliche Bedeutung erlangte.

Unter Zeno (474–491) nahmen auch die innerchristlichen Spannungen in Palästina zu, wo nach den Konzilsbeschlüssen von Chalcedon (451) der monophysitische Widerstand mit Gewalt gebrochen wurde und der orthodoxe Bischof von Jerusalem den Rang eines von Antiochien unabhängigen Patriarchen erlangt hatte. Die Unruhe wirkte offenbar ansteckend, denn 484 wagten auch die Samaritaner wieder einen Aufruhr, mit dem vernichtenden Ergebnis, daß anstelle des samaritanischen Heiligtums auf dem Garizim eine Kirche errichtet wurde.

In die Zeit des Kaisers Justin I. (518–527) fällt ein militärisches Unternehmen, das gewiß auch die jüdischen Gemeinden im Reich bewegte. Das Königshaus von Himjar in Südarabien, das zum Judentum übergetreten war, verfolgte eine byzanzfeindliche Politik und störte den Indienhandel, wobei es auf parthischen Beistand baute. Doch die Situation im Partherreich war unter Khawad I. für ein solches Ansinnen wenig günstig und Byzanz gelang die Unterwerfung Südarabiens, das nun vom christlichen Abessinien aus regiert wurde. Der letzte jüdische König, Dhu-Nawas, fand damals den Tod. Erst später, in den siebziger Jahren, konnten die Parther das Gebiet erobern, doch führte dies nicht mehr zu einer Restitution des jüdischen Königshauses.

Religionspolitisch gesehen brachte die Regierung Justinians I. (527–565) zahlreiche weitere Verhärtungen mit sich. Allerdings wurde mit dem Corpus Juris Civilis auch die Judengesetzgebung, so nachteilig sie sich bis dahin auch entwickelt hatte, festgeschrieben und blieb wenigstens in dieser Form eine feste Rechtsbasis für die folgenden Jahrhunderte. Verschärft wurde unter seiner Gesetzgebung vor allem die Beschränkung der Sklavenhaltung, denn sowohl heidnische wie christlich-häretische Sklaven, die sich zur christlichen Orthodoxie zu bekennen wünschten, mußten freigelassen werden. Aber auch im öffentlichen Leben und im Rechtswesen gab es Verschlechterungen. Höchst bedenklich war das 535 in bezug auf die eroberten nordafrikanischen Gebiete verfügte Kult-Verbot für Häretiker und Juden – in eben dieser Parallelisierung! Dieselbe Zusammenstellung, nur um die Samaritaner ergänzt, begegnet 537 in einer Novelle, die diesen Gruppen gezielt jede Befreiung von öffentlichen Lasten verwehrte, und noch einmal 545 in einer Einschränkung des Geschäftsverkehrs im Fall kirchlicher Besitzungen. Etwas rätselhaft ist die Bedeutung der Novelle 146 vom Jahre 533, die in interne liturgische Belange eingriff, und zwar auf Grund von innerjüdischen Meinungsverschiedenheiten in Konstantinopel. Die Novelle wendet sich gegen die Forderung, die Toralesung nur nach dem hebräischen Text vorzunehmen, und verfügt den Gebrauch von lateinischen oder griechischen Übersetzungen, wobei die auch bei den Christen gebräuchliche Septuaginta besonders empfohlen wird. Offenbar handelte es sich um einen Zwist zwischen einer immer stärker werdenden Gruppe, die sich am palästinisch-rabbinischen Judentum orientierte und daher das Hebräische bevorzugte, während andere die alten Diasporabräuche bewahren wollten. Dazu würde passen, daß die Novelle im Blick auf die Tora-Auslegung auch den Gebrauch der *deuterosis* untersagte, was nach dem sonstigen Sprachgebrauch am ehesten die rabbinische Tradition bezeichnet, die sich also inzwischen auch im liturgischen Bereich einen Platz erobern konnte. Man darf die Bedeutung dieser Novelle nicht überschätzen, vor allem ist zu beachten, daß sie den Gottesdienst einer griechischsprachigen Diasporagemeinde regelte, also wohl nicht auf die hebräischsprachige liturgische Praxis in Palästina anzuwenden war. Viel ärger wirkten sich in dieser Zeit die vermehrten christlichen Übergriffe aus, die zahlreichen Fälle, in denen Synagogen zerstört oder in Kirchen umgewandelt wurden, und das allgemeine Gefühl, daß das Judentum nicht mehr eine staatlich geschützte Religion im überkommenen Sinn darstellte, sondern nur mehr über begrenzte Rechtsmittel zum Schutz vor christlicher Willkür verfügte. So wuchs unter den Juden die Unruhe und es mag sein, daß bei den für 556 in Cäsarea bezeugten Tumulten auch der jüdische Unmut eine Rolle spielte, jedenfalls waren vornehmlich die Christen Ziel der

Übergriffe, die zu harten Gegenmaßnahmen führten. Auch unter Justin II. (565–578) gärte es in Palästina, zumal zwischen 572–591 wieder langwierige kriegerische Auseinandersetzungen mit dem Partherreich erfolgten. Im Jahr 578 mußte der Dux Palaestinae, Theophilos, einen vor allem von Samaritanern getragenen Aufstand unterdrücken, bei dem möglicherweise auch Juden beteiligt waren. Aber in diesen Jahrzehnten waren Wirren auch unter den Christen an der Tagesordnung.

Die Gewalttätigkeiten wurden unter Maurikios (582–602) und dessen Nachfolger Phokas noch zahlreicher, selbst umfangreiche Versuche zur gewaltsamen Bekehrung von Juden wurden unternommen. Die byzantinischen Kaiser, vollends Heraklios (610–641), erhielten für jüdisches Bewußtsein immer mehr die Züge endzeitlicher Tyrannen, und es nimmt nicht Wunder, daß der parthische Vorstoß nach Westen, der 611 Antiochien und 614 Jerusalem erreichte, ebenfalls unter messianischem Vorzeichen gewertet wurde. Zahlreiche Juden sollen sich aktiv an den Kämpfen gegen die Byzantiner beteiligt haben, und dies dürfte den Parthern Anlaß gegeben haben, Jerusalem und Umgebung einer jüdischen Kontrolle zu überantworten. Die durch die byzantinische Religionspolitik verbitterten und vom messianischen Fieber gepackten Juden rächten sich nun und stellten die Überlebenden und von den Parthern nicht deportierten Christen Jerusalems vor die Wahl, zum Judentum überzutreten oder mit dem Tod zu bezahlen. Der messianische Taumel währte jedoch nicht lang und auch die Parther merkten wohl, daß sie mit der jüdischen Minderheit und deren Endzeitträumen das Gebiet nicht effektiv kontrollieren konnten. Nach drei Jahren wurde die Stadt wieder der christlichen Bevölkerung übergeben und die Rechte der Christen wurden wiederhergestellt. Ab 622 begannen dann die Byzantiner auch militärisch wieder glücklicher zu operieren und schließlich gelang 627/628 dem Kaiser Heraklios ein waghalsiger, aber äußerst erfolgreicher Vorstoß von Norden her ins Herzgebiet des Partherreiches und die Rückeroberung der syrisch-palästinischen Gebiete. Für die Juden Palästinas begann eine harte Verfolgungszeit. Trotz eines Amnestieversprechens veranstalteten die Byzantiner 629 ein Blutbad in Jerusalem, und wieder wurde die Stadt samt Umgebung für Juden verboten. Die Lage schien trostlos und die jüdische Überlieferung stilisierte den siegreichen Kaiser zu einer antichristartigen Figur namens „Armilius".

Aber nicht die Schrecken der Endzeit hatten eingesetzt, wie viele meinten, und es kam auch nicht der erhoffte Messias, um sie zu beenden, es kamen vielmehr die siegreichen Heere der Araber, die mit dem Islam auch eine neue Herrschaft über den Vorderen Orient brachten und 638 auch Jerusalem besetzten. Nicht das Ende der Geschichte war gekommen, aber eine neue Ära war angebrochen, eine neue Weltmacht entstanden, die nicht recht ins traditionelle jüdische Bild von den vier Weltreichen Daniels passen wollte und zunächst für das Geschichtsdenken verwirrend wirkte. Aber vor allem andern empfand man zunächst das Ende der byzantinischen Herrschaft als Befreiung von einem verhaßten Joch und genoß die neue, vergleichsweise tolerante Haltung der neuen Herren, die nun freilich als Weltmacht auch dem traditionellen Urteil unterlagen und als „viertes Reich" eingestuft wurden, wobei man das Schema eben korrigierte, indem man Griechenland und Rom zu einem Weltreich zusammenzog.

SCHLUSSBEMERKUNG

Abgesehen von den beiden Schwerpunkten in Palästina und Babylonien stellte das Judentum am Ende der Antike eine durch geographische und politische Faktoren verursachte weitverzweigte Diasporagemeinschaft dar. Bei aller Eigentümlichkeit und Vielfalt war sie doch von hellenistischer Kultur und Zivilisation so stark mitgeprägt worden, daß sie im christlichen wie im islamischen Herrschaftsbereich als Repräsentantin der Antike mit den Erfahrungen einer langen Tradition – auch im wirtschaftlichen Bereich – ausgestattet und insbesondere als Träger städtischer Kolonisation den neuen Machthabern und jungen Staaten nützliche Dienste zu leisten vermochte. Die Diasporasituation hatte außerdem für die Handelsverbindungen auch ihre Vorteile, und da die traditionelle Bindung an das „Land Israel" emotional ungemein wirksam blieb, war auch die Bereitschaft zur Mobilität stärker ausgebildet als bei anderen Gemeinschaften, denn man wußte sich ja in jedem Fall im „Exil", wo immer man außerhalb Palästinas lebte. Das frühe Mittelalter bot neue Chancen zur Kolonisation, und so war das jüdische Schicksal durch eine fortschreitende Erweiterung der Diaspora gekennzeichnet. Im Westen waren es die jungen Nachfolgereiche Roms, denen an einer Entwicklung der Städte und des Handelswesens lag, und dort wurde das Judentum zum integralen Bestandteil auch der europäischen Kulturen, und wenn man den einseitig orientierten Abendlandbegriff des 19. Jh. nicht akzeptiert, sondern den Mittelmeerraum als einen Kulturkreis betrachtet, war das Judentum schon längst Teil dieser Kultur, und dies nicht bloß auf Grund seiner Hellenisierung oder seiner indirekten Auswirkung im Christentum.

Politisch war mit dem Ausgang der Antike das Judentum erneut mit dem alten Sachverhalt konfrontiert: Ob unter der

Fahne des Propheten aus Mekka oder unter dem Zeichen des Kreuzes, das „vierte Reich" Daniels stand nach wie vor im christlichen Bereich weiterhin als „Edom/Esau" in unmittelbarer Fortsetzung des alten Römischen Reiches, im islamischen Bereich repräsentiert durch die typologische Figur des biblischen „Ismael", und mit beiden mußte – bis zum erhofften Endziel der Geschichte – ein modus vivendi gefunden werden.

Zuletzt verdient ein schier unlösbares Problem der Forschung noch besonders hervorgehoben zu werden, nämlich das der Demographie. Die gelegentlichen Zahlenangaben in den Quellen sind selten als wirklich zuverlässig anzusehen, oft sind sie nicht eindeutig. Die Schätzungen schwanken daher beträchtlich, für Palästina zwischen 700 000 bis fünf Millionen. Für die Zeit vor 66 n. Chr. darf man am ehesten mit 2 bis 2,5 Millionen rechnen, wobei der archäologische Befund der Siedlungsdichte gewisse Anhaltspunkte bietet. Schwieriger ist die Schätzung der Zahl der Juden in der Antike insgesamt, einschließlich der Diaspora. Nach Angaben des Josephus sollen zu den Wallfahrtsfesten 2,5 bis 3 Millionen Pilger in die Heilige Stadt gekommen sein (die unter Herodes etwa 70 000 Einwohner zählte), eine unglaubwürdige Angabe, eine solche Zahl kommt wohl der Gesamtzahl der Juden weit näher als der Pilgerzahl. Für die starke jüdische Minderheit in Ägypten fehlen ebenfalls zuverlässige Angaben, nach Philo soll sie im 1. Jh. n. Chr. 1 Million gezählt haben, doch dies ist fraglich. Da die Gesamtbevölkerung Alexandriens nur vage bestimmbar ist und zwischen 500 000 bis 1 Million angesetzt wird, schwankt der jüdische Anteil von gut einem Drittel bereits dementsprechend, und für die Zahl der Juden in der Chora (in den Provinzen) gibt es noch weniger Anhaltspunkte. Schwer ins Gewicht fällt, daß über das mesopotamische, insbesondere das immer bedeutendere babylonische Judentum überhaupt keine Feststellung getroffen werden kann. Ein weiterer Unsicherheitsfaktor ist die Höhe der Kriegsverluste 66–70, 115–117 und 132–135 n. Chr., wobei die von 132–135 oft übertrieben werden. Nach einer bei Barhebräus erhaltenen alten Schätzung sollen unter Kaiser Claudius fast 7 Millionen Juden gelebt haben, moderne Schätzungen erreichen eine Spannweite von 5–12 Millionen, dabei ist im Blick auf die Höchstzahlen Skepsis durchaus am Platz.

LITERATUR IN AUSWAHL

1. Allgemeine Darstellungen

a) Quellenkunde

Den besten Überblick über die literarischen wie nichtliterarischen Zeugnisse (einschließlich Archäologie und Numismatik) enthält (mit Bibliographien):

E. Schürer, The History of the Jewish People in the Age of Jesus Christ (175 B. C. – A. D. 135), vol. I, revised and edited by G. Vermes, F. Miller, P. Vermes, M. Black, Edinburgh 1973, S. 6–122.

b) In Gesamtdarstellungen

Baron, S. W., A Social and Religious History of the Jews, vol. I–II: Ancient Times, New York [5]1966.

Silver, D. J., Martin, B., A History of Judaism, vol. I: From Abraham to Maimonides, New York 1974.

Maier, J., Das Judentum, München [3]1980 [Kulturgeschichte].

Ben Sasson, H. H. (Hrsg.), Geschichte des jüdischen Volkes, Bd. I, München 1978.

Maier, J., Geschichte der jüdischen Religion, Berlin 1972 [De Gruyter Lehrbücher].

c) Zum antiken Judentum und seiner Umwelt

Avi-Yonah, M., Safrai, S., Carta's Atlas of the Period of the Second Temple, the Mishnah, and the Talmud, Jerusalem 1966.

Zucker, H., Studien zur jüdischen Selbstverwaltung im Altertum, Berlin 1936.

Radin, M., The Jews among the Greeks and Romans, Philadelphia 1915.

Alon, G., Jews and Judaism in the Classical World, Jerusalem 1977.
Oppenheimer, A., The 'Am ha-'Aretz. A study in the social history of the Jewish people in the Hellenistic-Roman period, Leiden 1977.
Sevenster, J. N., The Roots of Pagan Anti-Semitism in the Ancient World, Leiden 1975.
Reinach, Th., Textes d'auteurs grecs et romains relatifs au Judaisme, Paris 1895 (Nachdruck Hildesheim 1963).
Stern, M., Greek and Latin Authors on Jews and Judaism, vol. I–III, Jerusalem 1974–1984.

2. Zeit des Zweiten Tempels

a) Überblicksdarstellungen

Hayes, J. H., Miller, J. M. (ed.), Israelite and Judaean History, London 1977.
McCullough, W. S., The History and Literature of the Palestinian Jews from Cyrus to Herod, 550 B. C. to 4 B. C., Toronto 1975.
Snaith, N. H., The Jews from Cyrus to Herod, Wallington [2]1956.
Sacchi, P., Storia del mondo giudaico, Torino 1976.
Zeitlin, S., The Rise and Fall of the Judaean State, 2 vols., Philadelphia 1962, 1967.
Avi-Yonah, M., Baras, Z., World History of the Jewish People I/8: Society and Religion in the Second Temple Period, Jerusalem 1977.
Maier, J., Schreiner, J. (Hrsg.), Literatur und Religion des Frühjudentums, Würzburg/Gütersloh 1973.
Aharoni, Y., The Land of the Bible. A Historical Geography, London [2]1979.
Abel, F.-M., Géographie de la Palestine, I–II, Paris 1933, 1938.
Ders., Histoire de la Palestine, I–II, Paris 1952.
Amiram, D. H. K. etc. (Hrsg.), Atlas of Jerusalem, Berlin 1973.
Kenyon, K. M., Digging up Jerusalem, London 1974.
Mazar, B., The Mountain of the Lord, Garden City/N. Y. 1975.

b) Persische (achämenidische) Periode

Ackroyd, P. R., Israel under Babylon and Persia, London 1970.

Stern, E., The material culture of the land of the Bible in the Persian period, 538–332 B. C. E., Warminster 1982.
Coggins, R. J., Samaritans and Jews. The origins of Samaritanism reconsidered, Oxford 1975.
Smith, M., Palestinian Parties and Politics which Shaped the Old Testament, New York/London 1971.

c) Hellenistisch-frühromische Zeit

Schürer, E., The History of the Jewish People in the Age of Jesus Christ (175 B. C. – A. D. 135). A new English version revised and edited by G. Vermes, F. Miller, P. Vermes, M. Black, Edinburgh vol. I 1973, vol. II 1978, vol. III 1986.
Bickerman, E., From Ezra to the Last of the Maccabees, New York 1962.
Schalit, A. (ed.), World History of the Jewish People I/6: The Hellenistic Age, Jerusalem 1972.
Leipoldt, J., Grundmann, W., Umwelt des Urchristentums, I–III, Berlin 1973–[3-4]1975.
Reicke, B., Neutestamentliche Zeitgeschichte, Berlin [2]1968.
Compendia Rerum Iudaicarum ad Novum Testamentum, section I: The Jewish People in the First Century, Assen vol. I 1974, vol. II 1976, vol. III 1984.
Tcherikover, V., Hellenistic Civilization and the Jews, Philadelphia 1959 (repr. New York 1970).
Hengel, M., Juden, Griechen und Barbaren, Stuttgart 1976.
Peters, F. E., The Harvest of Hellenism, London 1972.
Will, E., Histoire politique du monde hellénistique, Nancy I 1966, II 1967.

d) Hasmonäerzeit

Morkholm, O., Antiochus IV of Syria, Kopenhagen 1966.
Bickermann, E., Der Gott der Makkabäer, Berlin 1937.
Giovannini, A., Müller, H., Die Beziehungen zwischen Rom und den Juden im 2. Jh. v. Chr., in: Museum Helveticum 28, 1971, 156–172.
Piatelli, D., An inquiry into the political relations between Rome and

Judaea from 161 to 4 B. C. E., in: Israel Law Review 14, 1979, 195–236.
Stern, M., The Political Background of the Wars of Alexander Jannai (hebr.), in: Tarbiz 33, 1963, 325–336.
Bunge, J. G., Zur Geschichte und Chronologie des Untergangs der Oniaden und des Aufstiegs der Hasmonäer, in: Journal for the Study of Judaism 6, 1975, 1–46.

e) Die römische Herrschaft
(siehe auch 3 b)

Buechler, W. W., The Pre-Herodian Civil War and Social Debate, Basel 1974.
Avi-Yonah, M. (ed.), World History of the Jewish People I/7: The Herodian Period, Jerusalem 1975.
Schalit, A., König Herodes. Der Mann und sein Werk, Berlin 1969.
Grant, M., Herod the Great, London 1971.
Prause, G., Herodes der Große, König der Juden, Hamburg 1977.
Perowne, St., The Later Herods, London 1958.
Hengel, M., Die Zeloten, Leiden ²1976.
Malinowski, F. X., Galilean Judaism in the Writings of Flavius Josephus, Durham, N. C., 1973.
Brauer, C. S., Judaea Weeping. The Jewish Struggle against Rome from Pompey to Masada, 63 B. C. to A. D. 73, New York 1970.
Burr, V., Tiberius Julius Alexander, Bonn 1955.
Schreckenberg, H., Bibliographie zu Flavius Josephus, Leiden 1968.

3. *Talmudische Zeit*

a) Allgemeine Darstellungen

Stemberger, G., Das klassische Judentum, München 1979.
Schäfer, P., Studien zur Geschichte und Theologie des rabbinischen Judentums, Leiden 1978.
Green, W. S., Persons and Institutions in Early Rabbinic Judaism, Missoula 1977.
Bamberger, B. J., Proselytism in the Talmudic Period, Cincinnati 1938 (repr. New York 1968).

Braude, W. B., Jewish Proselytizing in the First Five Centuries, Providence 1940.
Daube, D., Collaboration with Tyranny in Rabbinic Law, London 1965.
Boulnois, L., La route de la soie, Paris 1963.

b) Römisches Reich

Aufstieg und Niedergang der römischen Welt, hrsg. von H. Temporini und W. Haase, Berlin 1972 ff.
Smallwood, E. M., The Jews under Roman Rule from Pompey to Diocletian, Leiden 1976, ²1981.
Juster, J., Les juifs dans l'Empire romain, leur condition juridique, économique et sociale, I–II, Paris 1914 (reprint 1965).
Grant, M., The Jews in the Roman World, London 1973.
Rostovtzeff, M., Gesellschaft und Wirtschaft im römischen Kaiserreich, I–II, Leipzig 1929 (The Social and Economical History of the Roman Empire, Oxford ²1963).
Peterson, E., Der Monotheismus als politisches Problem, Leipzig 1935.
Glover, T. R., The Conflict of Religions in the Early Roman Empire, London 1920 (repr. New York 1960).
Ziegler, K.-H., Die Beziehungen zwischen Rom und dem Partherreich, Wiesbaden 1964.
Fuchs, H., Der geistige Widerstand gegen Rom in der antiken Welt, Berlin ²1964.
Herr, M., Roman Rule in Tannaitic Literature (hebr.), Diss. Jerusalem 1970.
Jones, A. H. M., The Cities of the Eastern Roman Provinces, Oxford ²1971.

c) Palästina

Avi-Yonah, M., Geschichte der Juden im Zeitalter des Talmuds, Berlin 1962 (The Jews of Palestine, Oxford 1975).
Lepper, F. A., Traian's Parthian War, London 1948.
Rokeach, D. (ed.), Meridot ha-Jehudim bijme Trajanus, Jerusalem 1978.
Pucci, M., La revolta ebraica al tempo di Traiano, Diss. Jerusalem 1977.

Perowne, St., Hadrian, München ²1977.
Applebaum, S., Prolegomena to the Study of the Second Jewish Revolt (A. D. 132–135), Oxford 1976.
Yadin, Y., Bar Kochba, Hamburg 1971.
Levine, L. I., Caesarea under Roman Rule, Leiden 1975.
Glatzer, N. N., The attitude to Rome in the Amoraic Period, in: VIth World Congress for Jewish Studies, vol. 2, Jerusalem 1976, 9–19.
Baer, Y., Israel, the Christian Church, and the Roman Empire, in: Scripta Hierosolymitana 7, 1961, 79–149.
Liebermann, S., Palestine in the Third and Fourth Centuries, in: Jewish Quarterly Review 36, 1945/6, 329–370; 37, 1946/7, 31–54.
Sperber, D., Roman Palestine 200 400: Money and Prices, Ramat Gan 1974; The Land, 1978.
Langenfeld, H., Christianisierungspolitik und Sklavengesetzgebung der römischen Kaiser von Konstantin bis Theodosius II., Bonn 1976.
Seaver, J. E., Persecution of the Jews in the Roman Empire (300–438), Lawrence, Kansas, 1952.
Noethlichs, K.-L., Die gesetzgeberischen Maßnahmen der christlichen Kaiser des 4. Jahrhunderts gegen Häretiker, Heiden und Juden, Diss. Köln 1971.
Klein, R. (Hrsg.), Julian Apostata, Darmstadt 1978 (WdF Bd. 509).
Vogt, J., Kaiser Julian und das Judentum, Leipzig 1939.
Reichardt, K.-D., Die Judengesetzgebung im Codex Theodosianus, in: Kairos 20, 1978, 16–39.
Browe, P., Die Judengesetzgebung Justinians, in: Analecta Gregoriana 8, 1935, 109–146.
Avi-Yonah, M., The Economics of Byzantine Palestine, in: Israel Exploration Journal 8, 1958, 39–51.

d) Ägypten/Nordafrika

Hirschberg, H. Z. (J. W.), A History of the Jews in North Africa, vol. I, Leiden 1974.
Applebaum, S., Jews and Greeks in Ancient Cyrene, Leiden 1979.
Kasher, A., The Jews in Hellenistic and Roman Egypt, Tübingen 1985.
David, S., Race Relations in Ancient Egypt, London 1951.

Kasher, A., The Civic Status of the Jews in Egypt (hebr.), Diss. Tel Aviv 1972.
Bell, H. I., Cults and Creeds in Graeco-Roman Egypt, Oxford 1953.
Goodenough, E. R., The Politics of Philo Judaeus. Practice and Theory, New Haven 1938 (Nachdruck Hildesheim 1967).
Bell, H. I., Jews and Christians in Egypt. The Jewish Troubles in Alexandria and the Athanasian Controversy, London 1924.
Fuchs, L., Die Juden Ägyptens in ptolemäischer und römischer Zeit, Wien 1924.

e) Syrien

Luria, B.-Z., Ha-Jehudim be-Surjah, Jerusalem 1957.

f) Rom

Leon, H., The Jews of Ancient Rome, Philadelphia 1960.
Blumenkranz, B., Quelques notations démographiques sur les juifs de Rome des premiers siècles, in: Studia Patristica 4, 1961, 341–347.

g) Kleinasien

Blanchetière, F., Juifs et non-Juifs. Essai sur la diaspora en Asie Mineure, in: Revue d'histoire philos. et relig. 54, 1974, 367–382.

4. Mesopotamien/Babylonien

Girshman, R., Iran – Parther und Sassaniden, München 1962.
Neusner, J., A History of the Jews in Babylonia, 5 vols., Leiden 1965–1970.
Obermeyer, J., Die Landschaft Babylonien im Zeitalter des Talmuds und Gaonats, Breslau 1938.
Eshel, B.-Z., Jishube ha-Jehudim be-Babel bitqufat ha-Talmud. Onomastikon talmudi, Jerusalem 1979.
Herr, M., The Babylonian Amoraim. Aspects of economic life (hebr.), Ramat Gan 1974.

Herr, M., The Babylonian Exilarchate in the Mishnaic and Talmudic Period (hebr.), Tel Aviv 1970.

Christensen, A., L'Iran sous les Sassanides, Copenhagen [2]1944 (repr. 1971).

Widengren, G., The Status of the Jews in the Sassanian Empire, in: Irania Antica 1, 1961, 117–162.

Nachträge 1987

Donner, H., Geschichte des Volkes Israel und seiner Nachbarn in Grundzügen, Bd. II, Göttingen 1986.

The Cambridge History of Judaism, I: The Persian Period, 1984.

Saulnier, Chr., Histoire d'Israel, vol. III, Paris 1985.

Bringmann, K., Hellenistische Reform und Religionsverfolgung in Judäa, Göttingen 1983.

Fischer, Th., Seleukiden und Makkabäer, Bochum 1980.

Aufstieg und Niedergang der römischen Welt, Teil II: Prinzipat, Hrsg. von H. Temporini–W. Haase, Berlin 1974ff.

Baumann, U., Rom und die Juden, Frankfurt a.M. 1983.

Alon, G., The Jews in Their Land, vol. I–II, Jerusalem 1980–1984.

Oppenheimer, A., The 'Am ha-Aretz, Leiden 1977.

Neusner, J., Major Trends in Formative Judaism, I–II, Chico 1983–1984.

Ders., The Wonder-working Lawyers of Talmudic Judaism, Lanham 1987.

Brooten, B. J., Woman Leaders in the Ancient Synagogue, Chico 1982.

Oppenheimer, A., Babylonia Judaica in the Talmudic Period, Wiesbaden 1984.

REGISTER

Namen

Sachen